Las manos
Reflejo de tu bienestar

Las manos
Reflejo de tu bienestar

Interpretación sencilla de los indicadores
de salud en las manos

Lori Reid

Traducción de M.ª Carmen Escudero Millán

MADRID - MÉXICO - BUENOS AIRES - SANTIAGO

2017

A Peter West — buen amigo y colega, con cariño y agradecimiento

POR FAVOR, PRESTA ATENCIÓN

El autor y las empresas de servicios editoriales que han intervenido en la producción de la obra no se hacen responsables de ningún contratiempo resultante de la práctica de cualquiera de los principios o terapias descritos en la presente obra. Este libro no pretende abordar el tratamiento de problemas graves de salud; por favor, consulte a un profesional médico si tiene alguna duda sobre cualquier aspecto de su salud.

© 2002. Lori Reid
© Ilustraciones de interior: Amy Burch, 2002
© Dibujos de interior: Paul Beebee
© 2002. Eddison Sadd Editions
© 2017. De esta edición: Editorial Edaf, S.L.U., por acuerdo con Eddison Books Ltd., St. Chad's House of 148 King's Cross Road, London WC1X 9DH, Inglaterra
© 2017. De la traducción: M.ª Carmen Escudero Millán
© Diseño de la cubierta: Gerardo Domínguez

Editorial Edaf, S.L.U.
Jorge Juan, 68. 28009 Madrid, España
Tel. (34) 91 435 82 60
www.edaf.net / edaf@edaf.net

Algaba Ediciones, S. A. de C.V.
Calle 21, Poniente 3323, Colonia Belisario Domínguez
Entre la 33 Sur y la 35 Sur — Puebla 72180, México
Tel.: 52 22 22 11 13 87
jaime.breton@edaf.com.mx

Edaf del Plata, S. A.
Chile, 2222
1227 Buenos Aires, Argentina
edaf4@speedy.com.ar

Edaf Chile, S. A.
Coyancura, 2270, oficina 914, Providencia
Santiago - Chile
comercialedafchile@edafchile.cl

Primera edición: *septiembre de 2017*

ISBN: 978-84-414-3741-8

Impreso en China / Printed in China

Sumario

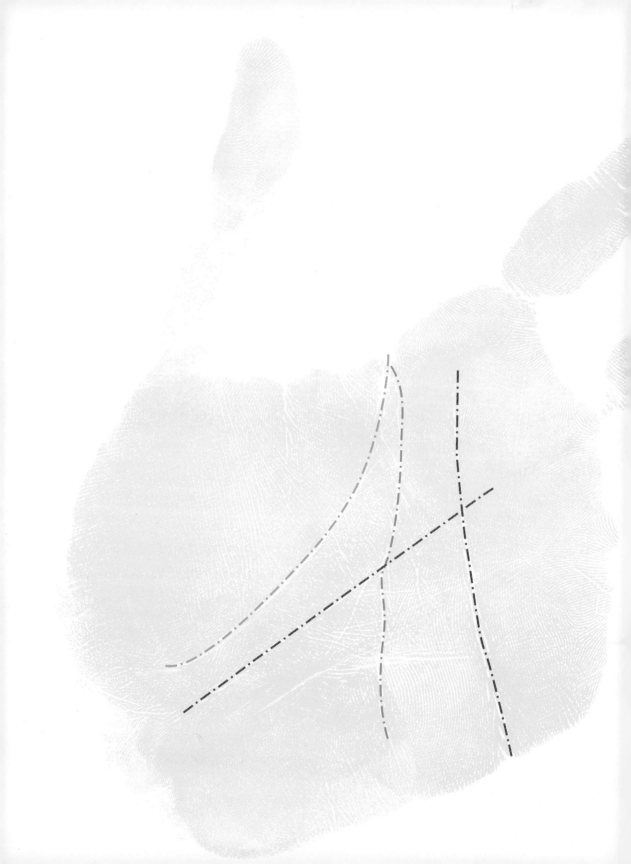

Prólogo

Del mismo modo que los genes determinan nuestro color de ojos,
la dotación cromosómica establece la forma de nuestras manos,
los patrones que identificamos como huellas dactilares y las principales
líneas que atraviesan las palmas de las manos. Y sabemos que la
personalidad de cada uno, que también halla reflejo en las manos,
influye en buena medida en nuestra salud. Las manos son registros
donde quedan grabados datos de toda índole sobre la persona: nuestra
manera de pensar y de comportarnos, el modo en que trabajamos,
amamos y nos relacionamos con los demás, nuestros sueños,
ambiciones y motivaciones conscientes y subconscientes, nuestras
predisposiciones, así como nuestra salud física y psicológica.

El presente libro aborda el uso de este principio en beneficio de la salud.
Con las sugerencias sobre terapias se pretende no solo tratar problemas
específicos, sino también favorecer el bienestar en el día a día.

Puedes dejar que tus hábitos y tu estilo de vida te hagan vulnerable a la
enfermedad o puedes optar por usar tus manos como una valiosa
herramienta diagnóstica para detectar, de manera temprana, pistas que te
ayuden a mantener la vitalidad y a prevenir de forma activa el desarrollo de
enfermedades. En otras palabras, literalmente, tienes la salud en tus manos.

Conexión manos-salud

La ciencia ha puesto de manifiesto que las personas presentan predisposición a padecer ciertas enfermedades, con independencia de los factores ambientales. Y prácticamente nadie duda tampoco de que existe una conexión entre nuestras manos y nuestra salud, de que esa predisposición se ve reflejada en las palmas de las manos. Durante siglos los médicos han observado de manera sistemática las manos de sus pacientes, no solo para tomarles el pulso en la muñeca, sino también para detectar muy diversos síntomas que respaldaran su diagnóstico de enfermedad.

Por ejemplo, la manos lánguidas suelen ir unidas a falta de energía o a pérdida de motivación, mientras que el temblor suele estar relacionado con problemas hormonales, intoxicación o enfermedades del sistema nervioso. Por otro lado, la alteración del color de la piel y una temperatura anómala pueden tener su causa en oxigenación deficitaria, problemas del sistema cardiovascular, fiebre, *shock* o desequilibrio del sistema endocrino.

Conoce tus manos

Igualmente, se ha reconocido que las diferentes enfermedades dan lugar a los correspondientes signos en las manos, habiéndose identificado poderosos indicadores de

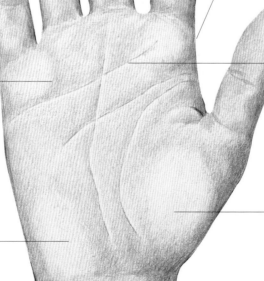

Yemas de los dedos y falanges
Las yemas de los dedos revelan rasgos específicos del carácter de la persona y tienen relación directa con el estado de salud mental y física; las líneas de las falanges (distintas secciones del dedo) también reflejan diferentes aspectos de la salud.

Tipo de mano
El tipo de mano revela información sobre aquello que nos impulsa en la vida e indica nuestra susceptibilidad y predisposición a determinadas afecciones de salud.

Palma
Las líneas, crestas, montes, la forma e incluso el color de la palma de la mano revelan mucha información sobre el estado físico y psicológico de la persona.

Líneas principales
Son las líneas de la vida, del corazón, de la cabeza y del destino. Su aspecto general, estado, estructura y composición proporcionan valiosas pistas sobre el bienestar físico y también mental.

Montes
El estado de las áreas almohadilladas de la palma de la mano, consideradas la representación de los almacenes de vitalidad, revela la personalidad esencial y el estado de salud del individuo.

Líneas menores
Junto con las líneas principales, son las piezas del rompecabezas que permiten componer el cuadro completo.

salud en las distintas marcas, prominencias e imágenes cutáneas existentes en la palma de la mano, los dedos y la muñeca (v. ilustraciones bajo estas líneas a modo de guía de referencia). Cuando se conocen, todos estos indicadores ofrecen valiosas pistas sobre nuestro estado de salud. Revelan nuestra resistencia y nuestra vitalidad, denotan indicios de acumulación de toxinas, ponen de manifiesto los desequilibrios y el desgaste diario y proporcionan, en general, un cuadro de nuestras debilidades constitucionales y de nuestra predisposición a la enfermedad y a potenciales problemas en el futuro.

Unas palabras de advertencia ...

Es necesario hacer hincapié en que, para respaldar cualquier indicador de salud obtenido de la lectura de las palmas de las manos y para tener un cuadro completo de tu salud, debes siempre consultar a un profesional médico cualificado. Aunque las manos cuentan historias muy reveladoras, no cometas el error de establecer un diagnóstico solo a partir de las manos (y nunca a partir de un solo aspecto de ellas, como por ejemplo las líneas principales). No obstante, saber cómo interpretar los signos presentes en tus manos supone que puedes llegar a reconocer los sutiles cambios que tienen lugar en tu organismo. Y, dado que muchas de estas líneas y marcas se encuentran en continuo cambio, apareciendo y desapareciendo según tus circunstancias, conocer las distintas configuraciones te permitirá vigilar tu salud e intervenir en ella, siempre bajo la tutela de tu médico.

Uñas

El tamaño, la forma y el estado de las uñas, junto con el aspecto de las lúnulas y el color del lecho ungueal, son esenciales en la valoración del estado de salud y ofrecen signos precoces de alerta sobre problemas de salud.

Dedos

El tamaño y la forma de los dedos dicen mucho del carácter y de las habilidades de la persona, pues cada dedo representa una faceta diferente de la vida.

Pulgar

La forma y la longitud del pulgar son los indicadores más importantes de debilidades y fortalezas psicológicas.

Pruebas científicas

Siglos de estudio y análisis de las manos han puesto de manifiesto de manera categórica que esa conexión salud-manos realmente existe, que los signos y síntomas de nuestra predisposición intrínseca a ciertas enfermedades, así como la posibilidad de una mala salud en el futuro, graban sutiles pistas en las palmas de nuestras manos y en nuestros dedos. Ahora sabemos que se debe a que las palmas de las manos albergan una gran cantidad de terminaciones nerviosas, más que ninguna otra parte de nuestra anatomía (salvo las plantas de los pies), de manera que son magníficos registros de respuestas nerviosas y de mensajes bioquímicos. Por otro lado, recientes investigaciones científicas han llegado a la conclusión de la existencia de relación entre ciertas huellas dactilares o marcas cutáneas y anomalías genéticas.

En la actualidad se reconoce ampliamente la existencia de tal relación, que puede ser de gran valor en el asesoramiento genético y de gran ayuda en el diagnóstico médico general.

Este libro aborda el significado de las marcas de las manos que guardan relación con la salud y el bienestar. En primer lugar, ofrece una visión general de las características físicas de las manos y presenta los aspectos que el análisis de las palmas utiliza para diagnosticar cuestiones de salud —desde la forma, el tamaño y el color de la mano hasta la textura de la piel, pasando por las principales líneas que surcan la palma, como las líneas de la vida y del corazón, o las estrías en las uñas.

A continuación, describe la correspondencia de marcas y rasgos concretos con determinados tipos de trastornos de la salud, proporcionando de esta manera un valioso recurso para la interpretación de las palmas de las manos. Con toda esta información, el lector podrá avanzar hasta el final del libro, donde se trata el tema de la autoayuda positiva y se resumen y describen los principales trastornos de la salud y los correspondientes signos en las manos, al tiempo que se ofrece una amplia selección de tratamientos recomendados, estrategias de salud y útiles «remedios rápidos».

Toma de huellas palmares

La toma periódica de huellas palmares sirve para ver mejor las marcas más finas, que no es posible observar a simple vista, facilita tomar medidas y permite comprobar los cambios y realizar una acción preventiva en fase temprana. El uso de tintas para impresión con linóleo (solubles en agua), de venta en tiendas de arte, permite que todo el proceso resulte más fácil y limpio, pues la tinta se lava luego simplemente con agua y jabón.

Los tampones de tinta resultan prácticos para tomar huellas dactilares, pero se necesita un disolvente para limpiar la tinta. Actualmente existen alternativas, como la barra de labios o la cera para limpiar el calzado, aunque eliminar estos productos puede resultar difícil. Es necesario tomar las huellas de ambas manos, pues para tener un cuadro completo deben leerse juntas ambas palmas.

Cómo se hace

1 Vierte una pequeña cantidad de tinta sobre la superficie lisa que hayas elegido (una plancha de vidrio o una tabla de formica) y extiéndela con el rodillo (o equivalente).

2 Desliza el rodillo entintado sobre los dedos, la palma y hacia abajo, cubriendo 2-3 cm de muñeca. Si utilizas barra de labios o cera de zapatos, aplica el producto con un kleenex o un algodón.

Necesitarás

Recomendado	Sustitutos
Tinta para impresión con linóleo	Barra de labios, abrillantador de cera para calzado
Una plancha de vidrio	Tabla de formica, papel de aluminio
Rodillo de impresión	Rodillo de cocina o botella vacía, envuelto en film transparente
Kleenex/algodón	
Hojas de papel A4	
Cuadrado de gomaespuma	Toalla doblada
Cuchillo de mesa	
Lápiz afilado	

Fotocopias

Las fotocopias de las palmas de las manos son rápidas y fáciles de realizar y representan un excelente método de confirmación de las huellas de tinta. Sin embargo, estas huellas carecen del grado de detalle necesario como fuente de análisis y, además, pueden resultar distorsionadas durante el proceso de copiado, de modo que es importante utilizarlas solo como método de comprobación.

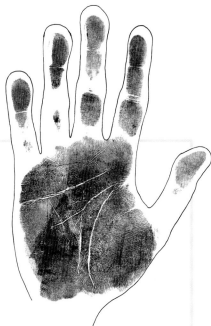

3 Coloca la hoja de papel sobre la gomaespuma y posa encima la mano entintada. Si te das cuenta de que el centro de la palma no está estampándose, retira la gomaespuma, desliza un cuchillo bajo el papel y haz presión de nuevo con la palma. O prueba a realizar el trabajo al revés, con la palma de la mano hacia arriba y el papel colocado encima.

4 Lávate las manos y, cuando la impresión se haya secado, vuelve a colocar la mano sobre cada impresión y traza el contorno con un lápiz. Si se toma la impresión colocando el papel directamente sobre una superficie dura, se puede dibujar el contorno con la mano entintada todavía en posición (¡pero ten cuidado para no correr la huella!).

Deben tomarse varias huellas de cada mano. Marca cada una con fecha, nombre del propietario, fecha de nacimiento, sexo y si es diestro o zurdo.

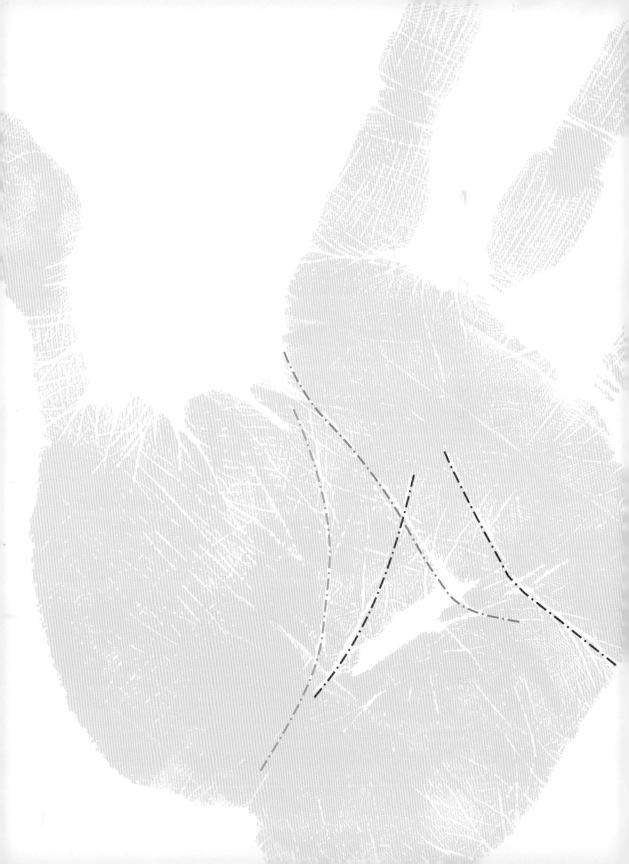

Primera parte

Mapeado de las manos

Fundamentos del análisis de la palma de la mano

Las manos encierran pistas esenciales sobre el estado de salud
de la persona. La cuestión es conocer los signos que hay que buscar.
De ello trata precisamente esta sección del libro. Presenta los
fundamentos del arte de la lectura de la mano y describe las marcas
relacionadas de manera específica con la salud. Aquí encontrarás
todos los elementos básicos: la forma de manos y dedos,
el significado de montes y llanos, la textura de la piel, la temperatura
y el color, las diferentes huellas dactilares y, por supuesto, las líneas
principales y secundarias de la palma de la mano. Esta sección
ofrece también una práctica guía de referencia, así como consejos
para que puedas leerte las manos a ti mismo y leérselas a familiares
y amigos. Echa un vistazo a las páginas especiales marcadas en verde,
pues contienen información prática para que el análisis te resulte
más fácil y eficaz y además te permitirán profundizar
en el conocimiento de la técnica de interpretación de la palmas
de las manos.

Características de las manos

Sensación al tacto y gestos

La sensación general que ofrecen al tacto tus manos y los gestos que realizas con ellas proporcionan mucha información inicial acerca de tu bienestar. En primer lugar, fíjate en la sensación: lo ideal es que el tono muscular sea elástico y mullido, ni demasiado duro ni demasiado blando. Una mano fuerte, que responde al tacto como si fuera de goma, denota una constitución dinámica, con buena resistencia a los achaques de salud y buena capacidad de recuperación.

Manos duras

Unas manos duras como el hierro son propias de trabajadores entregados, del tipo de los que parecen que no han perdido en su vida ni un solo día de trabajo por problemas de salud. Sin embargo, estas personas emocionalmente fuertes pueden mostrar cierta insensibilidad y, en consecuencia, son proclives a los trastornos psicológicos asociados a sentimientos reprimidos.

Manos muy blandas y pastosas

Es el tipo de mano flácida que se percibe como una bola de masa sin hornear. Denota una personalidad indolente y autoindulgente, en general propia de alguien con escasa energía o fuerza física. En cuanto a las enfermedades, se asocian asimismo a desequilibrio de la glándula tiroidea.

Manos rechonchas

La obesidad se manifiesta a menudo en las manos en forma de falanges basales regordetas por su cara palmar. Es una característica que indica indolencia y sensualidad. Una dieta general hará que también adelgacen los dedos. Más difíciles de combatir son los depósitos de grasa presentes en las falanges basales, pero esta vez en el dorso de los dedos. Este rasgo indica que el problema de peso viene de lejos y requiere un tratamiento más riguroso.

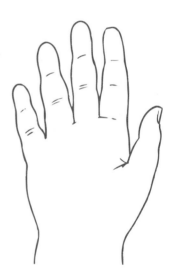

Falanges basales rechonchas

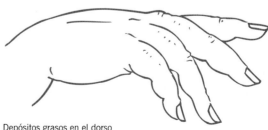

Depósitos grasos en el dorso de las falanges basales

Manos elásticas

Unas manos elásticas reflejan una naturaleza flexible, tolerante y relajada. Las personas con manos de este tipo tienen mayor capacidad de adaptación mental, física y emocional ante una situación dada, saben lidiar mejor con los avatares de la vida y son menos vulnerables a las enfermedades graves.

Manos rígidas

Las manos rígidas por naturaleza (no por enfermedad) sugieren tensión acumulada o son propias de personas que se exigen demasiado a sí mismas. Estas personas pueden ser propensas a enfermedades relacionadas con el estrés, como la hipertensión (presión arterial elevada), y a enfermedades cardiovasculares.

Textura de la piel

En lo referente a la textura de la piel, cuanto más fina parece y más delicada es la sensación general que ofrece al tacto, más débil serán la constitución física y emocional y el sistema inmunitario de la persona. Y cuanto más áspera sea la piel y más tosca la mano en conjunto, más fuerte será la persona y más resistente a las enfermedades.

Una mano muy tosca denota en ocasiones falta de sensibilidad. Las manos secas y ásperas pueden ser uno de los síntomas de tiroides poco activa, mientras que unas manos suaves y brillantes pueden indicar el trastorno contrario, hipertiroidismo, es decir, una glándula tiroidea demasiado activa.

Color y temperatura

El color de las manos o cualquier alteración anómala de la coloración de la piel proporciona valiosas pistas sobre nuestra salud y revela además algunos de nuestros hábitos. El grado de calor y frío, junto con una excesiva humedad o sequedad, son también signos reveladores. En ciertos casos, la temperatura de las manos nos da una idea del estado del sistema endocrino (glandular) de la persona. Aunque la temperatura normal puede variar de un individuo a otro, la mano sana ideal no debe estar ni demasiado caliente ni demasiado fría, ni demasiado seca ni demasiado húmeda.

El lenguaje de los gestos

Tan pronto como entres en la consulta del médico, el doctor, si es astuto, comenzará de inmediato por valorar tu estado psicológico observando tu lenguaje corporal, incluida la manera en la que utilizas las manos, tanto si las mantienes flácidas como si realizas con ellas animados gestos, si las mantienes en una postura relajada como si las mueves nerviosamente.

Los psicólogos confirman que nuestros gestos son una de las primeras señales reveladoras de nuestro estado mental. Han llegado a la conclusión de que, dado que la mayor parte de nuestras reacciones son autónomas, debemos confiar en la vista más que en el oído (es decir, que lo que se ve es lo que realmente importa). Así pues, desde el punto de vista de la salud, nuestros gestos pueden revelar bastantes más datos acerca de cómo nos sentimos mentalmente de lo que seríamos capaces de describir con palabras.

Notas sobre salud

El nerviosismo o la ansiedad pueden hallar expresión en pequeños movimientos de las manos realizados con urgencia, como por ejemplo retorcerse las manos, jugar constantemente con un mechón de pelo o manosear de forma incesante un collar o anillo. Sin embargo, este tipo de movimientos es muy diferente de los temblores involuntarios, sintomáticos de diversas enfermedades.

Los cuatro tipos de manos

Del mismo modo que, en cuanto a rasgos genéticos, podemos clasificar a las personas en rubias, morenas o pelirrojas, aspecto que no dice mucho acerca de su personalidad, para los expertos en la interpretación de la palma de la mano es posible clasificar las manos en cuatro grupos. Cada uno de ellos nos ofrece información sobre qué es lo que nos mueve. Una vez establecido el tipo general, se abre el camino del análisis concreto de la mano en términos de marcas en la piel y de estructura de las líneas.

Mano de tierra

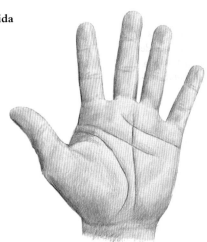

Aspecto
Palma más o menos cuadrada y dedos cortos, con puntas chatas. Es probable que se observen pocas líneas en la palma —solo tres o cuatro en muchos casos— pero serán marcadas, razón por la cual estas manos tienen un aspecto despejado y dan sensación de fuerza positiva. Este tipo de mano va unido invariablemente a huellas dactilares con patrones de arcos y asas.

Temperamento y modo de vida
Persona tradicional de corazón, sólida, estable y con los pies en la tierra. Práctica, muy trabajadora y equilibrada, lleva una vida ordenada. Corresponde al tipo rural, que aprecia la actividad física al aire libre y odia permanecer en interiores durante mucho tiempo, al tener una fuerte afinidad intrínseca por la naturaleza. Se trata de personas enormemente tenaces y que no tienen tiempo para caprichos ni fantasías.

Mano de aire

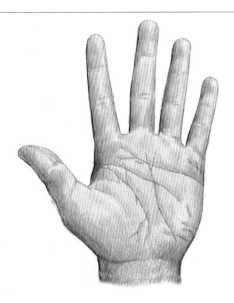

Aspecto
Palma de la mano cuadrada y dedos largos. Presenta varias líneas —al menos alguna más de las esenciales— y se muestra despejada y bien definida. Las asas constituyen el dibujo predominante en las huellas dactilares. En definitiva, la mano de aire tiene un aspecto nervudo y fuerte.

Temperamento y modo de vida
La gente con manos de aire tiene una mente despierta y curiosa. Son eternos estudiantes, siempre dispuestos a aprender. Su mentalidad errática hace que prosperen en el mundo de la comunicación y del espectáculo. Locuaces y simpáticos, su mente siempre está activa y, al aprender deprisa, tienen un corto intervalo de atención y un bajo umbral de aburrimiento.

Tipos elementales

Estas cuatro categorías, que toman su nombre de los cuatro elementos –tierra, aire, fuego y agua– son tipos «puros». Pocas manos responden exactamente a los tipos descritos (después de todo, cada mano es única para ese individuo, ni tan siquiera nuestra mano derecha coincide perfectamente con la izquierda), pero en general cualquier mano coincide con alguno de estos tipos más que con el resto. Si tu mano se encuentra entre dos categorías, significa simplemente que tienes una combinación de cualidades. Lee las descripciones de los dos tipos entre los que piensas que están tus manos y después decide qué grupo de características coincide en mayor medida con tu personalidad y tu naturaleza.

Mano de fuego

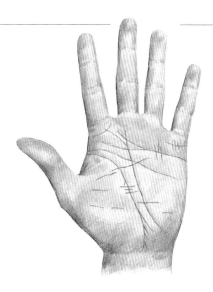

Aspecto

Dedos cortos, pero palma más larga que en el caso de la mano de tierra. Presenta una buena cantidad de líneas marcadas y huellas dactilares con espirales.

Temperamento y modo de vida

Físicamente superdinámicas, estas personas están siempre en movimiento, necesitan aventura y emoción y a menudo canalizan su energía en el deporte. Son la vida y el alma de la fiesta, son maravillosas con la gente y derrochan entusiasmo allí donde van. Las personas que responden a esta tipología se convierten a menudo en actores o profesionales del espectáculo. Más felices con un ritmo de vida frenético, muestran tendencia a trabajar sin descanso, llegando a su límite físico y mental.

Mano de agua

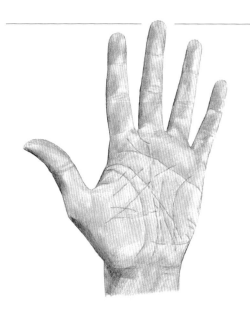

Aspecto

Alargada, a menudo delgada y elegante, esta mano tiene una característica palma oblonga y dedos largos y afilados. La palma presenta invariablemente numerosas líneas finas. En las huellas dactilares son frecuentes las imágenes de asas.

Temperamento y modo de vida

Es el tipo más sensible y suave. Poéticas y románticas, son personas dotadas para la música y las artes en general. Cultas y refinadas, tienen buen gusto, pero suelen ser poco sociables y tienden a vivir con la cabeza en las nubes. Esta bonita mano es el reflejo de un cuerpo elegante, de manera que muchas personas con este tipo de mano trabajan en el mundo de la moda y en la industria de la belleza, así como en las artes. Muy nerviosas, se encuentran mejor en un ambiente tranquilo y armonioso.

Dedos y pulgares

El ser humano es la única criatura que posee un dedo pulgar tan desarrollado y el resto de los dedos tan asombrosamente articulados. Esta combinación única le permite crear y construir, lo cual explica el éxito evolutivo del ser humano y sus logros tecnológicos. Para los analistas de las manos, los dedos desempeñan un importante papel en la evaluación de la personalidad y de las capacidades de un individuo.

Longitud de los dedos

Los dedos se clasifican como cortos o largos, aunque esta clasificación se basa siempre en su longitud en relación con la palma de la mano. Para establecer tal correspondencia, se mide el dedo corazón desde su extremo hasta el punto de encuentro con la palma. La palma se mide a su vez desde este punto hasta el pliegue superior de la muñeca, y después se comparan ambas medidas. Si el dedo mide al menos las tres cuartas partes de la longitud de la palma, se considera que son dedos «largos». Si la longitud es menor, se clasifican como dedos «cortos».

Los dedos largos son un signo de trabajador minucioso, de alguien que presta mucha atención a los detalles. Estas personas suelen ser lentas y metódicas, se concentran en hacer solo una tarea cada vez. Por el contrario, las personas con dedos cortos lo hacen todo en un momento. Esto hace que trabajen deprisa y sean buenos organizadores, aunque a veces, cuando les conviene, toman el camino más corto.

El pulgar

De todos los dedos, el pulgar es el indicador más importante de los puntos fuertes y débiles de la persona desde el punto de vista psicológico. El pulgar puede equilibrar la mano, por forma y por longitud. Demasiado corto para una palma larga indica falta de confianza y fuerza personal. Un pulgar que domina la palma es propio de alguien que carece de sutileza y que posiblemente sea muy agresivo. Un pulgar que parece «cómodo» frente a la palma y a los demás dedos denota vitalidad, capacidad de permanencia y sentido común.

Forma del pulgar

Un pulgar corto y grueso indica energía y determinación, pero no una gran capacidad de razonamiento. Podrías estar ante una personalidad dominante y con mucha fuerza de voluntad. Las personas con una vena implacable o con un genio endiablado, tienen con frecuencia un pulgar de punta gruesa y bulbosa.

Un pulgar corto y estrecho denota indecisión y es propio de una persona fácilmente influenciable, posiblemente sumisa, especialmente si el pulgar parece más débil que el resto de la mano.

Si la segunda falange es estrecha y con forma de reloj de arena, el individuo será discreto y diplomático. Sin embargo, si es tan gruesa como la última, denota que se trata de alguien que dice las cosas sin rodeos.

Los demás dedos

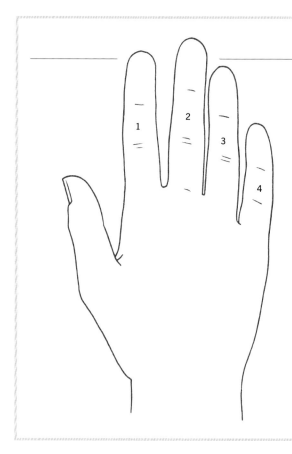

1 El dedo índice simboliza el «yo» y revela cómo se ve a sí mismo el individuo. Una persona segura de sí misma, con una gran autoestima, tiene un dedo índice recto y erguido. Si es más largo que el dedo corazón, esa persona es de naturaleza dominante. Si es más corto, sugiere complejo de inferioridad.

2 El dedo corazón denota sentido de la responsabilidad. En teoría, será ligeramente más largo que sus vecinos por ambos lados, y recto. Esto revela que se trata de una persona con un buen sentido del deber. Si es mucho más largo, sugiere una naturaleza blanda, y propensión a la depresión. Si es mucho más corto denota ausencia de convencionalismos e irresponsabilidad.

3 El dedo anular describe la creatividad de la persona y la satisfacción personal en la vida. Si este dedo se alza por encima del dedo corazón, es propio de una persona soñadora y jugadora. Un dedo anular muy corto sugiere una actitud filistea, con escaso aprecio por la cultura.

4 El dedo meñique representa nuestras aptitudes para los negocios, la ciencia y la comunicación. Si es más largo que los demás dedos, revela una naturaleza ocurrente y versátil. Si es muy corto, sugiere dificultades de la persona para expresarse tanto verbalmente como en el ámbito de la sexualidad.

Proporción normal del pulgar

Pulgar corto y grueso

Pulgar corto y estrecho

Segunda falange estrecha

Forma y estado de las uñas

Las uñas también tienen una interesante historia que contar. A simple vista, unas uñas mordidas sugieren un temperamento nervioso y un índice teñido de marrón delata a un fumador empedernido. Cualquier trastorno, ya sea orgánico o nutricional, agudo o crónico, queda de algún modo registrado en el material de las uñas, que es muy sensible por el abundante riego sanguíneo existente por debajo de ellas. La existencia de un crecimiento anómalo, de surcos, hoyos, grietas o alteraciones del color son algunas de las formas en las que las enfermedades, ya sean temporales o de larga duración, dejan sus marcas.

En las uñas es posible encontrar sorprendentes pistas relativas al sistema cardiovascular, al funcionamiento glandular y al equilibrio nutricional, así como a todo tipo de problemas que afectan a la persona en el terreno psicológico. Una nutrición deficiente afecta al desarrollo de las uñas, lo cual queda manifiesto en diversas anomalías.

Forma de la uña

Es sabido desde hace siglos que la forma de las uñas refleja nuestro temperamento. Y es ese temperamento lo que dicta nuestra constitución física, lo que da color a nuestra visión de la vida, gobierna nuestras interacciones con los demás, afecta a la manera de enfrentarnos a acontecimientos y circunstancias y, en general, promueve nuestro bienestar mental y emocional.

Hablando en sentido amplio, las uñas pueden clasificarse por su forma en tres categorías:

- Cuadradas (personalidad estable, con algunas excepciones)
- Forma de abanico (persona sensible y muy nerviosa)
- Largas (persona de físico delicado y con mucha energía nerviosa)

No obstante, cada categoría puede a su vez subdividirse en varias clases. El tamaño de la uña debe contemplarse en relación con el tamaño de la mano y, como regla general (cuando se relaciona la forma de la uña con el temperamento), cuanto más pequeña es la uña más crítica es la visión de la vida del individuo y más estrecha su mentalidad. Las personas con uñas pequeñas presentan una mayor tendencia a los problemas cardiovasculares, especialmente a partir de la mediana edad. Cuanto más grandes son las uñas, más templada, serena y abierta de mente es la naturaleza del individuo. Los problemas de salud correspondientes a esta tipología suelen ser trastornos de tipo nervioso o psicológicos. Véase la Segunda parte, página 52, para una información más detallada.

Cuadrada

Forma de abanico

Larga

Signos tempranos de aviso

He aquí algunas de las características de las uñas que pueden ser indicativas de problemas de salud de distinto tipo. Para un análisis en profundidad, pueden consultarse las páginas 53-54.

▲ Uña cóncava

Uña caracterizada por un marcado aspecto de plato o cuchara, con frecuencia debido a deficiencias nutricionales.

▲ Uña convexa

Caracterizada por una marcada curvatura de la uña, de forma que la punta se curva sobre sí misma y sobre el extremo del dedo; puede ser indicativa de trastornos respiratorios.

▲ Uña abombada

Es un trastorno más grave que el de la uña curvada, porque, si en la anterior solo se curvaba la punta, aquí los tejidos del lecho ungueal se hinchan, de modo que la uña entera se abomba o eleva desde la cutícula, confiriéndole un aspecto bulboso.

Uñas picadas, engrosadas o quebradizas

Unas uñas picadas o con hoyos pueden indicar problemas de autoinmunidad; unas uñas duras y gruesas, tal vez amarillentas, revelan problemas cardiovasculares o linfáticos; y unas uñas quebradizas pueden tener su causa en una deficiencia de calcio.

La media luna

Como muchas otras características de la mano, el tipo, la forma y el color de la media luna o lúnula de las uñas pueden ser heredados y por ello revelan la predisposición genética a enfermedades.

El color del lecho ungueal

Al igual que ocurre con la pigmentación de la piel, el color del lecho ungueal (la parte bajo la capa córnea que constituye la uña) refleja el estado del sistema vascular. Las manchas indican a menudo deficiencias de minerales o vitaminas.

▲ Estrías horizontales

Caracterizadas por crestas y surcos horizontales en las uñas, aparecen a veces de manera aislada y a veces formando una serie de ondulaciones desde la cutícula hasta el extremo. Comer todos los días un sándwich apresuradamente para poder acudir a esas reuniones tan importantes, subsistir a base de patatas fritas y alimentos procesados, sufrir un trauma o volcarte de repente en una drástica dieta pueden dejar su huella en forma de estrías horizontales en tus uñas.

▶ Estrías verticales

Se trata de pliegues en el seno de la propia uña, que se percibe como abultada al pasar sobre ella el dedo pulgar. Estos pliegues se deben también a la producción irregular del tejido que compone la uña. Los pliegues verticales pueden ser hereditarios o la expresión de posibles problemas de salud y la aparición de pliegues en todas las uñas se considera ligada a la artritis reumatoide.

Uñas y salud

Ya en el siglo III a. de C., Hipócrates, erudito griego y padre de la medicina, reconoció la importancia del desarrollo y de la forma de las uñas como reflejo de las enfermedades.
Para Hipócrates, la coloración de las uñas era, concretamente, una ventana a la salud del individuo. Demasiado rojas eran indicativas, en su opinión, de una disposición peligrosamente colérica; demasiado blancas correspondían a una constitución flemática. Las modernas investigaciones científicas han respaldado muchas de estas teorías originales y han puesto de manifiesto que el delicado proceso de crecimiento de las uñas es sensible a los más pequeños cambios psicológicos.

De qué están hechas las uñas

Están constituidas por una materia proteica llamado queratina, presente en todo el reino animal en el pelo, las garras, las plumas e incluso en las pezuñas y los cuernos de los rinocerontes. Su función es principalmente protectora, al resguardar el extremo del dedo –muy sensible por abundar en él las terminaciones nerviosas– frente a posibles agresiones.

La formación de la uña es un proceso continuado. Cada uña tarda alrededor de seis meses en crecer desde la cutícula hasta el extremo de carne rosa «viva» bajo la uña. El borde libre, o punta blanca, crece más allá de la «matriz», o lecho ungueal; dado que está separada de las células vivas, puede cortarse o arreglarse mediante manicura si se desea. En toda evaluación de las uñas, la información que se valora es la que proporciona la parte viva, no el extremo blanco de la uña. Ello se debe a que las uñas se encuentran en continua formación y por ello responden enseguida a cualquier contratiempo en su proceso de crecimiento (por interrupciones del riego sanguíneo, deficiencias en la dieta o shock repentino que altera el sistema nervioso, por ejemplo), reflejando el trastorno bien en la propia materia que integra la uña bien en la pigmentación del lecho ungueal.

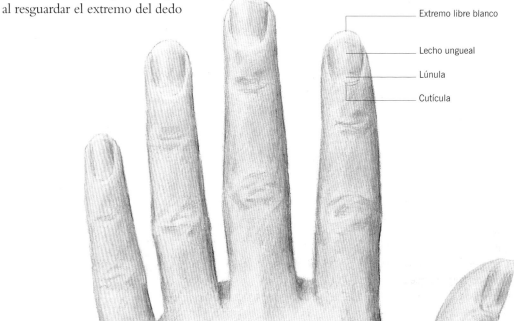

Extremo libre blanco

Lecho ungueal

Lúnula

Cutícula

Cómo se forman las uñas

La producción de la materia que constituye la uña tiene lugar bajo la superficie del dedo, a unos 7-8 milímetros de la cutícula. Realiza una ligera presión sobre la base de la uña del pulgar y notarás una suave depresión en el dedo allí donde el cuerpo de la uña prosigue hacia su raíz. Ahí es donde empieza a formarse la uña, en un primer momento blanda y con consistencia de gel, para luego endurecerse en capas comprimidas a medida que crece hacia el extremo del dedo.

Riego sanguíneo

A medida que la uña crece sobre el lecho ungueal, las capas córneas se tornan transparentes. La coloración rosa de las uñas se debe, en realidad, a los capilares sanguíneos del lecho subyacente, que nutren la uña. Dada la sensibilidad de las uñas al riego sanguíneo subyacente, su estado es un buen indicador de salud. Si el riego sanguíneo es de algún modo deficiente, ello se verá inmediatamente reflejado en las uñas. Así pues, las lesiones y enfermedades pueden dar lugar a desarrollo anómalo, a deformidades y a alteración evidente del color de las uñas.

Cutículas y lúnulas

En su borde inferior, la uña se halla protegida por un pliegue de piel llamado cutícula, que actúa como un escudo hermético al aire y que impide que la suciedad y las infecciones invadan el delicado mecanismo de crecimiento. La media luna blanca, o lúnula, en la base de la uña, forma parte de la densa raíz en crecimiento. La lúnula se aprecia con mayor claridad en los pulgares y menos en los meñiques. Su tamaño y color se suman a las características de la uña con valor diagnóstico.

Notas de salud

La velocidad de crecimiento de las uñas varía dependiendo de diversos factores. Para empezar, las uñas de los pies crecen a una velocidad equivalente a un cuarto de la velocidad de crecimiento de las uñas de las manos. Cuando somos jóvenes las uñas crecen más deprisa que cuando somos ancianos. Cuando hace calor en verano, crecen más que en invierno. Las personas diestras se habrán dado cuenta de que tienen que limarse las uñas de su mano derecha con mayor frecuencia que las de la izquierda (y viceversa las zurdas). Y aunque parezca que las uñas de los dedos corazón e índice aventajan en crecimiento a las de los dedos anular y meñique, es la uña del pulgar la que crece más deprisa que el resto.

◄ **Uñas rojas**
Predisposición a mala circulación

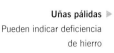

Uñas pálidas ►
Pueden indicar deficiencia de hierro

Huellas dactilares

Las estructuras características de la piel conocidas como «crestas papilares» forman parte de la capa superior de piel que cubre las palmas de las manos y las plantas de los pies. En círculos científicos, este sistema de crestas recibe el nombre de patrones dermatoglíficos –derma significa «piel» y *glyph,* «símbolo grabado». Vistas de cerca, las crestas se asemejan a ondulaciones de una plancha de hierro, con líneas y surcos que discurren paralelos entre sí. Sin embargo, de vez en cuando las ondulaciones se arremolinan en complejos patrones de asas, espirales y arcos. Se identifican sobre todo en las yemas de los dedos, y reciben el nombre de huellas dactilares (véase página opuesta). Estos patrones han dado lugar a un sistema de clasificación, para lo cual se realizan mediciones entre las crestas (véase bajo estas líneas).

El estado, la formación y la localización de estos patrones ofrece una muy valiosa información sobre el estado de salud y bienestar del individuo. Al igual que ocurre con las uñas, la información obtenida de las crestas papilares nunca ha de utilizarse por sí sola como herramienta de diagnóstico, sino que debe utilizarse en combinación con otros datos clínicos para confirmar una enfermedad médica ya contemplada.

Evidencia médica

La investigación médica ha centrado su atención en las crestas papilares y en las huellas dactilares, en un intento por encontrar correspondencia entre determinados patrones y ciertos trastornos. Todos los patrones cutáneos responden a la herencia genética y, en torno al cuarto mes de desarrollo fetal, ya están formados. Cualquier anomalía en el proceso de desarrollo queda grabada como una cresta papilar anómala. Por ejemplo, los bebés cuya madre contrae la rubéola en torno al primer mes de gestación corren un riesgo mayor del cincuenta por ciento de nacer con importantes defectos y las marcas cutáneas en sus manos reflejarán tales anomalías. Hallazgos científicos confirman la existencia de conexión entre patrones de crestas papilares y anomalías cromosómicas, siendo la correlación mejor documentada la existente entre patrones anómalos y síndrome de Down.

Medición de las crestas

Con fines tanto médicos como forenses, se realiza la medición del tamaño y de la cantidad de crestas que constituyen una huella dactilar. Para realizar tales mediciones, se dibuja una línea desde el vértice del «trirradio» (formación triangular que aparece al encontrarse tres series de crestas) hasta el centro del patrón cutáneo y se cuentan las crestas incluidas (véase a la derecha). Este procedimiento se conoce como «recuento de crestas» y se utiliza en el análisis forense para obtener una correspondencia absoluta entre las huellas recogidas en escenarios de crímenes y las huellas dactilares de criminales sospechosos. En la investigación médica el recuento de crestas es un elemento esencial cuando se realizan comparaciones entre manos normales y anormales.

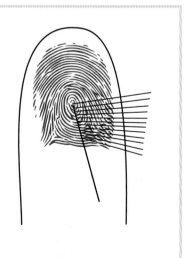

Patrones de huellas dactilares

Asas, espirales y arcos son las tres principales categorías de patrones de huellas dactilares, si bien otros dos tipos derivados de estos —el arco tendido y el compuesto— elevan el número de categorías de la clasificación a cinco. Años de estudio sobre la correspondencia entre los distintos patrones y sus propietarios han sacado a la luz características distintivas de personalidad asociadas a cada categoría. Y estos rasgos de personalidad tienen sin duda peso directo sobre estado físico y mental de salud del individuo.

Espiral
Persona intensamente individualista

Arco
Persona muy trabajadora, práctica y reservada

Asa
Persona versátil, flexible y adaptable

 ◁ **Compuesto**
Como ocurre con el arco tendido, es insólito encontrar un conjunto completo de patrón compuesto. Este tipo de huella dactilar se encuentra más a menudo en el pulgar y el índice. Los patrones compuestos indican una mentalidad que necesita conocer todos los aspectos de cualquier situación.

Arco tendido ▷
Es insólito encontrar una serie completa de arcos tendidos. En general, aparecen en los dedos índice y medio. Denotan entusiasmo y sensibilidad.

Otras marcas de la piel

Aparte de los patrones de las huellas dactilares, es posible encontrar en los dedos otro tipo de líneas. Estas marcas tienen diversos significados en el ámbito de la salud, que pueden definirse en función del dedo en el que aparecen.

Marcadas líneas ▷ horizontales en las yemas de los dedos son un signo de estrés y ansiedad (véase Segunda parte, pág. 101).

◁ Marcadas líneas verticales en las yemas de los dedos son un signo de desequilibrio glandular (véase Segunda parte, pág. 102).

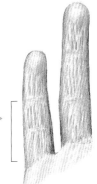

Marcadas líneas verticales ▷ en las dos últimas falanges de los dedos son una señal de aviso de posible agotamiento (véase Segunda parte, pág. 103).

Características de las palmas

Montes

Las áreas carnosas de la mano se encuentran distribuidas en forma de pequeñas «almohadillas» llamadas montes. Dado que se considera que los montes representan depósitos de vitalidad, su estado revela los rasgos más destacados de la personalidad del individuo y su estado de salud. Los montes tienen nombre de planetas y quienes sean buenos conocedores de la mitología clásica reconocerán el significado de tales denominaciones.

Superdesarrollado e infradesarrollo

Aparte del monte de Venus, generalmente el más pronunciado, y el monte de Saturno, normalmente el menos desarrollado, una persona equilibrada tiene montes almohadillados más o menos por igual. No obstante, la mayoría de las manos poseen montes desiguales. Los montes dominantes señalan tus características más destacadas, pero si hay uno inusualmente grande o pequeño sugiere una sobreabundancia o una falta notable de las cualidades que esa área representa. Si existen dos montes aparentemente dominantes, significa que las cualidades representadas por ambos se combinan. En manos totalmente planas, siempre habrá factores, como las huellas dactilares o las líneas de la palma, que ofrezcan pistas sobre la salud de la persona.

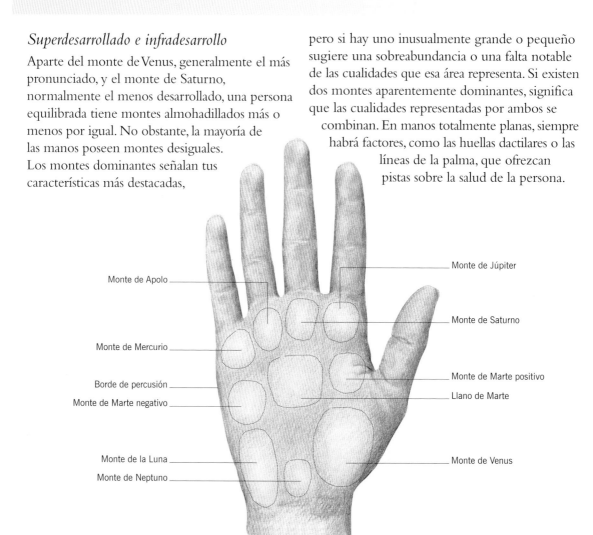

Monte de Apolo

Monte de Mercurio

Borde de percusión

Monte de Marte negativo

Monte de la Luna

Monte de Neptuno

Monte de Júpiter

Monte de Saturno

Monte de Marte positivo

Llano de Marte

Monte de Venus

Los principales montes

Superior de la palma

Monte de Júpiter
Situado justo por debajo del dedo índice (o Júpiter).

Monte de Saturno
Situado justo por debajo del dedo corazón (o Saturno).

Monte de Apolo
Situado justo por debajo del dedo anular (o Apolo). Este monte puede encontrarse ligeramente desviado hacia el meñique y fundirse con el monte de Apolo, en cuyo caso se manifestarán los dos tipos de cualidades que representan ambos montes.

Monte de Mercurio
Situado directamente bajo el dedo meñique (o Mercurio), en el borde de percusión de la mano. Esta área se encuentra a menudo fundida con el monte de Apolo y en tal caso representa ambos grupos de atributos.

Media/base de la palma

Monte de Marte positivo
Situado por encima del monte de Venus, bajo el pliegue de piel que crea el pulgar. Si se hace presión con el pulgar hacia el borde de la palma, se forma un claro montículo. Cuando es grande y duro y da lugar a que la línea de la vida (véase pág. 68) parezca más profunda, se considera que está desarrollado en exceso. Si muestra escaso desarrollo, de manera que la piel forma una depresión o bien arrugas vacías cuando se hace presión con el pulgar hacia el borde de la mano, se considera que el monte es escaso.

Monte de Marte negativo
Se localiza en el borde de percusión. Ya que es la continuación del monte de la Luna, a menudo resulta imposible distinguirlos. Si está bien desarrollado, quizá ejerza presión externamente hacia el lateral de la mano, dando lugar a la curvatura del borde de percusión.

Llano de Marte
Es la superficie central de la palma de la mano, que se extiende entre los montes de Marte positivo y Marte negativo.

Monte de Venus
Conocido también como eminencia tenar, se localiza bajo el pulgar, formando la «bola» del pulgar. Está delimitado por la línea de la vida, de trazado semicircular. Cuando el monte es grande, la línea de la vida puede desplazarse hacia el centro de la palma. Cuando es muy escaso, la línea puede abrazar la raíz del pulgar. En la mayoría de las manos es el monte más grande, pero esto no ha de ser interpretado por norma como rasgo dominante, salvo que sobresalga mucho por encima de los demás o cubra una gran área de la palma de la mano.

Monte de la Luna
También llamada eminencia hipotenar, se localiza en la parte inferior del borde de percusión de la mano, justo por encima de la muñeca. Puede desarrollarse hacia el borde lateral de la mano o hacia abajo, formando una prominencia justo encima de la muñeca. Cuando es tan grande o más que un monte de Venus de desarrollo normal, se considera hiperdesarrollado. Cuando es escaso, se considera infradesarrollado.

Monte de Neptuno
No siempre está presente o aparece en la base de la palma, entre los montes de Venus y de la Luna. Si está desarrollado es un punto muy almohadillado que los une; a menudo, parece un valle entre ambos montes.

Patrones de crestas epidérmicas

En los montes de Venus y de la Luna suelen observarse crestas epidérmicas libremente dispuestas, aunque en dichas áreas y en la palma de la mano, justo bajo la base de los dedos, existen también espirales y arcos (véase ilustración página 61 para más detalles). De especial interés para la salud son los dibujos que se observan en el monte de la Luna. Un estudio muestra que, en individuos con problemas psicológicos, existe un aumento de la incidencia de patrones complejos.

Las líneas principales

El aspecto general de las líneas de las palmas de las manos, su estado, estructura y composición ofrecen valiosas pistas sobre nuestro bienestar físico y mental.

Las líneas principales se conocen como líneas de la vida, del corazón, de la cabeza y del destino. Diversos estudios muestran que las primeras tres se desarrollan en torno al cuarto mes de desarrollo fetal, aproximadamente al mismo tiempo que los patrones de crestas epidérmicas. Se considera que cualquier anomalía cromosómica que marque los patrones de crestas puede también afectar a la formación de las líneas principales en esta fase del desarrollo. De manera que, como las huellas dactilares, las líneas principales también se ven influidas por la dotación genética heredada de nuestros padres. La línea del destino puede formarse más tarde y muchos bebés nacen sin ella, aunque se desarrolla en unos años después del nacimiento. No obstante, muchos niños nacen con el juego completo de líneas mayores y menores.

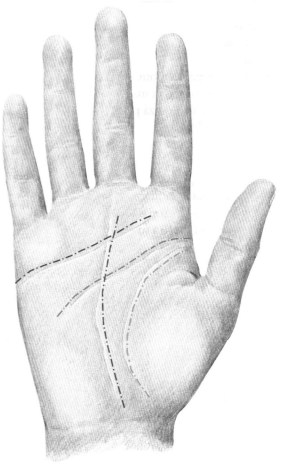

—·—·—·—	Corazón	—·—·—·—	Destino
—·—·—·—	Cabeza	—·—·—·—	Vida

Canales de energía

Piensa en las líneas de las manos como canales que conducen energía, algo parecido a los cables de electricidad de tu casa. Si este cableado se avería, tus electrodomésticos dejarán de funcionar cuando los necesites. Es posible que te salten los plomos si sobrecargas el sistema o que los cables provoquen un incendio en la casa. Del mismo modo, las líneas pequeñas, desflecadas o rotas pueden ser un signo de peligro y requerir atención inmediata.

Un analista de las manos con experiencia puede descubrir signos de que algo no funciona bien mucho antes de que se desarrollen los problemas, incluso mucho antes de que un estetoscopio o un análisis de sangre identifique el problema. Como el cableado, el cuerpo tarda en fallar. Y, dado que las líneas de las manos cambian, tomar medidas preventivas nada más detectar los signos puede suponer un gran paso adelante. Una alimentación correcta, el ejercicio físico adecuado, mucho descanso y una actitud positiva ayudan a mantener estos canales en correcto funcionamiento.

Comparación entre líneas

La comparación de la intensidad de las líneas principales es siempre un ejercicio revelador. En algunas personas, estas líneas están bien equilibradas, pero en otros una destaca sobre las demás, bien porque es más fuerte, más profunda o más ancha, bien quizá por presentar un color ligeramente diferente. Una línea de la vida muy marcada refleja resistencia física, propia de la mano de un atleta, por ejemplo. Una línea de la cabeza bien marcada, por el contrario, indica que la energía mental es la fuerza impulsora de ese individuo. Estas personas no deben dejar que su mente ajetreada lleve a su cuerpo demasiado lejos. Cuando la línea del corazón destaca en una mano, significa que, en esa persona, el corazón tiende a gobernar la mente. En este caso la impulsividad puede conducir no solo al agotamiento mental y físico, sino también a accidentes y lesiones.

Notas de salud

Aunque se forman de manera temprana, nuestras líneas de las manos cambian a lo largo de la vida de la persona. Según cómo vivamos, según las condiciones ambientales, las decisiones que tomemos y nuestro estado de salud, las líneas de las palmas de las manos pueden crecer, aumentar en número, cambiar de color, tornarse más intensas, debilitarse y, en algunos casos, incluso desaparecer. Algunos cambios pueden tardar años en producirse, mientras que otros —como las líneas de estrés de las yemas de los dedos— aparecen y desaparecen en cuestión de días.

Marcas en las líneas

Las líneas mayores —y menores— presentan a menudo marcas que complementan su significado.

Fracturas en línea: cambio y transición

Barras cruzadas: representan normalmente obstrucciones de algún tipo

Estrella (formada por un grupo de pequeñas barras cruzadas): un shock para el organismo

Isla: una disminución de los niveles de energía

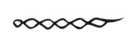

Cadena (una serie de islas): denota niveles bajos de vitalidad

Cuadrado (formado por cuatro líneas): tiene varios significados (v. Segunda Parte, págs. 74-75)

Flecos/borlas: se observan al final de una línea; pueden denotar dispersión de energía

Puntos/manchas/muescas: indican tensión o estrés

Líneas de la vida, de la cabeza y del corazón

La línea de la vida

Contrariamente a lo que cuentan las historias de abuela, la línea de la vida no indica longevidad. Esta línea denota nuestra calidad de vida. Registra nuestra herencia genética y la consciencia de nuestra fuerza física y nuestra salud general.

Cualquier cosa que pueda debilitar nuestra fuerza o afectarnos física o psicológicamente de tal modo que nuestra salud resulte agredida queda registrada en esta línea en forma de marcas específicas, como por ejemplo cadenas y barras cruzadas. Una línea fuerte y sana representa el trampolín esencial a partir del cual puede tener lugar cualquier otra actividad en la vida.

La línea de la cabeza

La creencia de que nuestros pensamientos tienen un tremendo poder se define como «el poder de la mente sobre la materia». Y, en lo que respecta a la salud, todos sabemos lo fácil que es convencernos a nosotros mismos de que algo es mejor o peor. Nuestras experiencias de miedo, ansiedad, estrés o dolor pueden resultar modificadas por nuestras expectativas en relación con una situación. Y esto es lo que muestra la línea de la cabeza.

La línea del corazón

Representa nuestras emociones, lo que sentimos por nosotros mismos y por otras personas. Desde el punto de vista psicológico, refleja cómo nos relacionamos con los demás; desde el punto de vista fisiológico, revela información específica sobre el sistema circulatorio y cardiovascular, y sobre la bioquímica orgánica. Y, al igual que ocurre con todas las demás líneas de la palma de la mano, la dirección y la formación de esta línea son tan importantes como las de cualquier otra a la hora de trazar un perfil de salud.

_____ Vida _____ Cabeza _____ Corazón

Localización de la línea de la vida

La línea de la vida es la línea semicircular que discurre rodeando la base del pulgar. En algunas manos abraza muy de cerca la base del dedo, mientras que en otras traza un amplio arco que se extiende hacia el centro de la palma. Comienza en el borde de la palma, entre el pulgar y el índice, y avanza hacia abajo para terminar en la base de la palma, cerca de la muñeca.

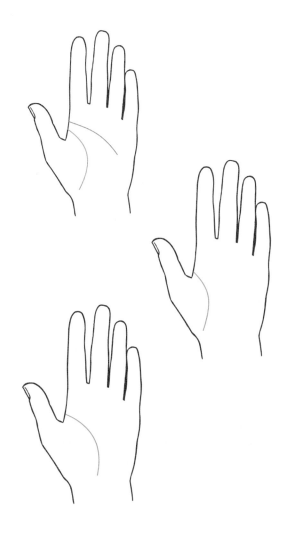

Localización de la línea de la cabeza

A partir de los dedos, la línea de la cabeza es el segundo surco horizontal que atraviesa el centro de la palma. En algunas manos tiene un trazado recto; en otras, forma una ligera curva.

La línea de la cabeza puede discurrir ligeramente hacia abajo, para terminar tocando casi la muñeca por el lado opuesto de la palma.

A veces la línea comienza unida a la línea de la vida, otras tiene su inicio en el monte de Marte, por el interior de la línea de la vida.

O puede tener su origen más arriba en la palma, completamente separada de la línea de la vida, quedando un amplio espacio entre ambas.

Localización de la línea del corazón

La línea del corazón se extiende horizontalmente cruzando la parte superior de la palma y es la primera línea que se encuentra por debajo de los dedos. En unas personas la línea del corazón está más baja que en otras, en unas se muestra curvada mientras que en otras es recta. Estas características definen los distintos modos en los que las personas se relacionan entre sí.

Inicio y final

La línea del corazón comienza en el borde de percusión, avanza hacia el pulgar y puede terminar en distintos puntos (existe debate en torno a esta cuestión). Los analistas de la mano más tradicionales consideran que la línea del corazón comienza por debajo del dedo índice y se extiende hacia el borde de percusión. Otros, yo entre ellos, pensamos lo contrario. Independientemente de dónde acabe, ya sea bajo el meñique o bajo el índice, ya se extienda recta o lo haga hacia arriba hasta tocar la base de los dedos, ofrece datos importantes. En efecto, las características de esta línea, junto con

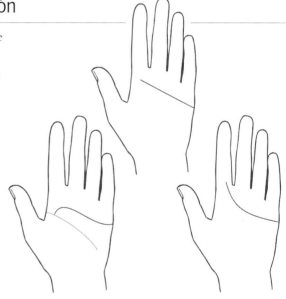

cualquier marca presente sobre ella, representan un registro del funcionamiento del corazón y de los vasos sanguíneos. Y esta información se encuentra básicamente en los cuatro primeros centímetros de la línea, a su paso por debajo de los dedos meñique y anular, porque esta es el área que gobierna el corazón y los pulmones.

La línea del destino

Como ya se ha mencionado, la línea del destino puede no desarrollarse hasta después del nacimiento. Hay personas que incluso no llegan a desarrollarla nunca, aunque se debe señalar que tal circunstancia no debe preocupar en absoluto.

Independientemente del momento en el que aparezca, su presencia denota el inicio de una sensación de estabilidad, responsabilidad y de echar raíces, ya sea física o metafóricamente.

Al discurrir por el centro de la palma de la mano, puede ser contemplado como un eje central, de modo que su intensidad o debilidad, su solidez o fragmentación, su rectitud o sinuosidad, se corresponden con el grado de estabilidad, seguridad y buen sentido en nuestra vida.

Localización de la línea del destino

La línea del destino va contracorriente. Se lee desde la muñeca hacia arriba en dirección a los dedos, pero puede tener su inicio en diversos puntos y terminar también en distintas localizaciones. Una veces abarca la palma en toda su longitud, apareciendo quizá solo durante un corto recorrido y desapareciendo luego de nuevo.

La raíz de la cuestión

La línea puede arrancar del centro de la palma, en la muñeca, puede comenzar unida a la línea de la vida, tener su origen en el monte de la Luna

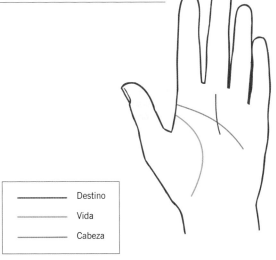

————	Destino
————	Vida
————	Cabeza

o formarse a partir de distintas localizaciones más arriba en la palma. Su final programado se encuentra en el monte de Saturno, bajo el dedo corazón, si bien puede desplazarse hacia el monte de Júpiter, bajo el índice o hacia el monte de Apolo, bajo el dedo anular. También puede desaparecer antes de alcanzar la parte superior de la palma o unirse a la línea de la cabeza o a la línea del corazón.

Afortunadamente, se puede medir cronológicamente la línea del destino (v. pág. 89) con bastante precisión, de manera que es posible valorar con seguridad los puntos de inicio y final, así como la aparición y duración de las marcas.

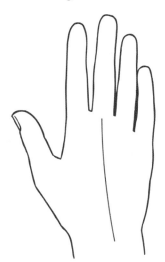

Papel de apoyo

El concepto de línea del destino como eje central ayuda también a explicar su otra función, que es tan importante desde el punto de vista médico. Se trata de su papel ratificador, principalmente en relación con la línea de la vida, pero también en lo referente a las líneas de la cabeza y del corazón.

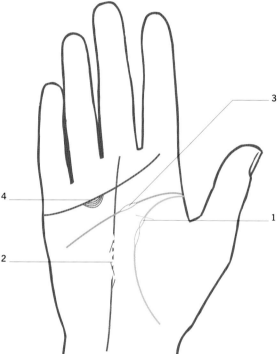

————	Destino
————	Vida
————	Corazón
————	Cabeza

3 La preocupación debida a problemas económicos se halla representada por una isla en la línea de la cabeza.

Problemas de sueño debidos a preocupación y dolor, que se ven representados por la escalera bajo la línea del corazón. **4**

Si la persona, como resultado de un percance, deja de trabajar por un tiempo, tal circunstancia puede verse reflejada en cortes/deficiencias en la estructura de la línea del destino. **2**

1 Una lesión en la columna se ve reflejada por una línea de trauma, seguida de islas en la línea de la vida.

Correspondencias prácticas

Si, por ejemplo, la línea de la vida tiene un aspecto parcheado, es fina o presenta una marca adversa en cualquier punto, una línea del destino fuerte en el momento correspondiente puede reafirmar una debilidad implicada, apuntalando la brecha en nuestras defensas físicas. Esta relación recíproca existe también entre las líneas de la cabeza y del destino.

Un área de múltiples líneas del destino, por ejemplo, representa un impulso frenético de actividad, que puede hallar correspondencia en un trazado disperso de la línea de la cabeza, lo cual denota estrés por exceso de trabajo. Por otro lado, una marca de depresión en la línea de la cabeza puede confirmar el significado de una isla en la línea del destino e indicar, por ejemplo, que la falta de satisfacción de la

persona en el trabajo en ese momento representa un serio problema.

Referencias cruzadas

Esta es la razón por la cual es esencial que las líneas sean consideradas de manera constante las unas en relación con las otras, que se compensen entre ellas, que sean comparadas en cada fase del análisis. Y que se consideren en relación con la

línea del destino, por su papel central ratificador. Esta línea es el reflejo y la explicación de todo cuanto nos ocurre, el registro de detalles mentales, físicos y emocionales, con efecto de validación y confirmación, es el eje central que sustenta la representación de nuestras aspiraciones y de la fuerza que nos impulsa, de la capacidad para tomar las riendas de nuestra vida y de nuestro destino.

Las líneas menores

Existen todo tipo de líneas menores en la mano que también dicen mucho de nuestro bienestar físico y psicológico. Una de ellas resulta especialmente útil en lo referente a nuestra salud y es la línea hepática o del hígado, más conocida como línea de la salud. No obstante, nunca insistiré lo suficiente en que todas las líneas son importantes y tienen un papel en el patrón completo de salud del individuo, sin importar si son grandes o pequeñas. Líneas tan secundarias como el cinturón de Venus o la Vía Lascivia actúan como piezas del rompecabezas que han de ser interpretadas para tener una imagen más clara del conjunto.

La línea de la salud

Existe bastante confusión acerca de esta línea, y no solo porque a lo largo de la historia se la haya conocido por distintos nombres. La línea de la vida, la vía hepática, la línea de Mercurio son solo algunas de sus denominaciones, dependiendo en gran medida del libro sobre el tema que se elija para saber más acerca de ella. También se la conoce como línea del estómago o línea del bazo, nombres que ofrecen una pista sobre su significado, ya que uno de sus principales papeles es el reflejo del funcionamiento del sistema digestivo y de los procesos de eliminación del

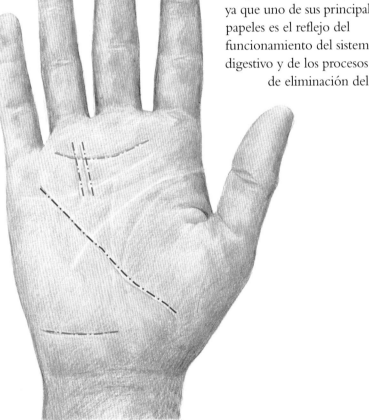

—·—·—·—	Salud	—·—·—·—	Apolo
—·—·—·—	Alergia	—·—·—·—	Cinturón de Venus

organismo. Cuando estas dos funciones son normales y eficientes, el organismo se encuentra en buen estado de salud. Sin embargo, cuando la digestión es lenta, todo el sistema se resiente.

La línea de la salud puede no estar presente pero, si la tienes, significa que tienes muy en cuenta tu mecánica orgánica. Muestra que eres el tipo de persona que es consciente de cada punzada, cada dolor, cada latido, cada mínima variación de temperatura.

El cinturón de Venus

La presencia en la mano del cinturón o anillo de Venus delata una sensibilidad muy intensa. Es quizá más favorable cuando la marca se encuentra fragmentada, ya que un semicírculo completo es propio de un individuo especialmente nervioso y, en casos extremos, propenso a la neurosis.

La línea de la alergia

La *Via Lascivia,* conocida también como línea del veneno, se denomina ahora línea de la alergia y, como indica su nombre, denota sensibilidad a los alérgenos. Quienes presentan en la palma esta línea es posible que experimenten reacciones adversas a ciertos alimentos, a agentes químicos o al alcohol.

La línea de Apolo

Una línea de Apolo bien marcada es un signo de satisfacción personal. También revela una actitud alegre y una disposición a la felicidad y, dado que la actitud tiene un papel esencial en la salud, tener esta línea es un elemento a favor del bienestar de la persona.

Destellos

Se trata de finas líneas oblicuas que aparecen en el centro de la mano. Apuntan hacia los dedos meñique y anular e indican trastornos digestivos.

Notas de salud

En posición alta en la palma de la mano, directamente por debajo de los dedos anular y meñique, puede observarse una formación de líneas conocida como estigmas médicos e integrada por tres líneas oblicuas y, en ocasiones, una línea que las cruza. Su existencia refleja un don natural e intrínseco de la persona para la curación (véase Segunda parte, pág. 100).

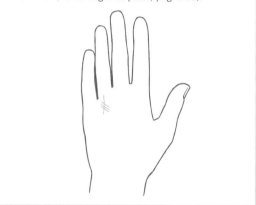

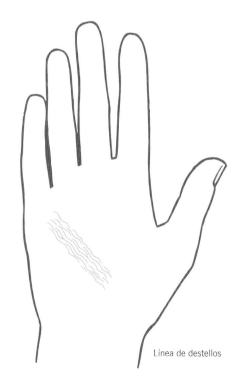

Línea de destellos

Localización de la línea de la salud

La línea de la salud, de existir, se encuentra
normalmente en el lado cubital de la palma, es
decir, hacia el borde de percusión. Puede tener
su inicio en diversos puntos, pero normalmente
discurre en diagonal desde la base de la palma
hacia el dedo meñique. En algunas manos choca
contra la línea de la vida; en otras la corta y continúa
hacia el monte de Venus. También puede partir
del monte de la Luna y, en ocasiones, se extiende
desde la base de la palma hasta los dedos.

Localización del cinturón de Venus

En su forma más evidente, el cinturón de Venus
es una línea semicircular presente en la parte
superior de la mano, entre la línea del corazón
y la base de los dedos. Se adentra en la palma
desde la telilla carnosa existente entre los dedos
índice y corazón y traza una curva hasta
terminar en el pliegue entre los dedos anular
y meñique.

Localización de la línea de la alergia

Si existe, esta línea presenta una situación
horizontal bastante baja en la palma de la mano.
Se adentra en la palma desde el borde de
percusión de la mano y atraviesa el monte
de la Luna hacia la línea de la vida.

_____ Vida	_____ Corazón	_____ Cinturón de Venus
_____ Cabeza	_____ Salud	_____ Alergia

Otras consideraciones

Correspondencia entre líneas y tipos de manos

Del mismo modo que un par de zapatos tienen que quedarte bien y, lo que es más importante, ajustarse bien a tu pie, las líneas de la palma de la mano deben corresponder al tipo de mano en la que se observan. Cada una de las cuatro principales categorías de manos —de tierra, de aire, de fuego y de agua (ver págs. 16-17)— se asocia a un tipo, una estructura y unas características distintas de líneas.

Cuando las líneas se corresponden con el tipo de mano, es fácil establecer una relación entre mente, cuerpo y espíritu. Sin embargo, como un par de zapatos que no nos quedan bien y nos rozan y aprietan, si las líneas no coinciden con el tipo de mano, esa relación puede no ser tan fácil. Por ejemplo, muchas líneas finas son tan poco acordes con una mano de tierra como muy pocas líneas gruesas con una mano de agua. Ambos casos plantean una situación compleja, en la que la demanda de energía y los canales de conducción no responden a las necesidades de la persona.

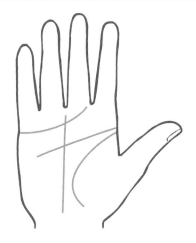

Buena correspondencia: líeas intensas en una mano de tierra

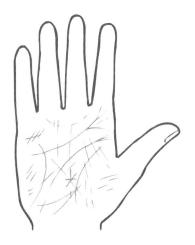

Mala correspondencia: líneas finas y desdibujadas en una mano de tierra

El color de las líneas

El color de las líneas de la mano debe ser ligeramente más oscuro que el de la piel, pero en general es del mismo tono. Las personas de raza blanca tienen, en teoría, líneas de color rosa oscuro en las palmas, mientras que las manos de asiáticos y negros presentan líneas de tono entre marrón y beige, en palmas de piel rosada-beige. No obstante, se ha de tener cuidado a la hora de emitir juicios sobre el color de las líneas, no solo porque se debe tener en cuenta la raza de la persona, sino también porque son importantes la temperatura ambiente y, casi en igual medida, cualquier actividad realizada antes del análisis de la palma de la mano. Si has estado trabajando intensamente en el gimnasio, por ejemplo, cabe esperar que las líneas de tus manos y el color de la mano en general sean de un tono más rosa que si has estado descongelando el frigorífico en las últimas dos horas. De manera que, por favor, haz uso del sentido común cuando estés realizando esta valoración. Para más detalles, véase página 94.

¿Llena o vacía?

Los analistas de la palma de la mano también tienen en cuenta si la mano está «llena» o «vacía». Me refiero a si la mano es una auténtica telaraña o presenta solo unas cuantas líneas. Diciéndolo de un modo simplista, cuantas más líneas muestre una mano, más sensible y nerviosa será la persona. Y cuantas menos líneas presente, más fuerte será el sistema nervioso de la persona y, en consecuencia, su disposición será menos sensible. Consulta la página 103 para una exposición más detallada del tema.

Lectura de las manos

Entremos en materia

Esta sección ofrece información histórica de gran utilidad para ayudar a los analistas a abordar la lectura de las manos. Algunos principios se sugieren con la idea de facilitar el análisis y que resulte más claro y eficaz.

Algunos antecedentes históricos...

No se sabe con exactitud cuándo ni cómo empezó la gente a leer las manos, pero una de las más antiguas referencias documentadas se encuentra en los textos sagrados de la India, que datan aproximadamente del segundo milenio antes de Cristo. Los emperadores de la antigua China utilizaban la huella del pulgar como firma personal en documentos oficiales ya en el año 3000 a. de C., cinco mil años antes de que la policía inglesa «ideara» el sistema de identificación mediante huellas dactilares, en torno al año 1900.

La insatisfacción en el trabajo, que se manifiesta en forma de presencia de islas en la línea del destino, encuentra compensación en la fuerte línea de Apolo, que demuestra una vida creativa rica y gratificante.

Con el paso de los siglos, el arte de la lectura de las manos se extendió desde el Lejano Oriente a través de la Antigua Grecia hasta Europa occidental. Los médicos y eruditos Hipócrates y Galeno realizaron hallazgos diagnósticos relacionados con las marcas de las manos que siguen vigentes aún hoy. Platón, Homero y Aristóteles también fueron conocedores de la lectura de las palmas de las manos como medio para valorar la personalidad, tal como puso de manifiesto Aristóteles en su *Chiromantia*.

Desde entonces, la lectura de las manos ha tenido un recorrido azaroso, pues ha sido considerada materia universitaria en algunos países, mientras que en otros ha tenido problemas con la Iglesia y el Estado. En el norte de Europa, y en el Reino Unido en particular, la lectura de las manos conoció un vivo resurgir a finales del siglo XIX, si bien el gusto victoriano por lo macabro dio lugar a que se hiciera hincapié en los aspectos más oscuros, como señales de muerte y rasgos escabrosos y sangrientos, como «el pulgar de asesino».

Notas de salud

Los actuales analistas de la mano deben estar preparados para ver signos muy diferentes de los que se veían hace apenas unas décadas. Antes, por ejemplo, era habitual que la gente tuviera un mismo trabajo durante toda la vida y que llevara prácticamente el mismo estilo de vida hasta el fin de sus días.

Sin embargo, los modelos de vida han cambiado de manera drástica y ahora están más diversificados y conllevan gran cantidad de cambios. Esto significa que, cuando los analistas observan ahora las manos, ven muchas más líneas del destino quebradas (la línea del destino denota cambio), mientras que antes veían habitualmente solo largas líneas ininterrumpidas.

Métodos modernos

El nacimiento del psicoanálisis a principios del siglo XX propició una nueva manera de interpretar la mano, basada en mayor medida en una visión psicológica y centrada en la personalidad del individuo. Ahora somos conscientes del papel del libre albedrío y cambiamos más rápidamente (en nuestra vida y en las palmas de nuestras manos), pues sabemos que podemos intervenir para mejorar nuestra situación, es decir, que las marcas de las palmas de las manos no son irrevocables. Recientemente las investigaciones médicas han puesto de manifiesto la fuerte relación entre la salud y los patrones observados en las manos, validando en última instancia científicamente lo que se creía hace ya muchos siglos.

Un mundo de posibilidades

En el análisis de la mano, como en la vida, existen pocas verdades absolutas y es esencial recordar que cualquier marca denota simplemente potencial, predisposición, posibilidad. Su mera presencia no implica que un determinado episodio vaya a ocurrir. Del mismo modo que un médico puede aconsejar a su paciente que cambie de dieta para evitar un problema de salud, por ejemplo, el analista de la mano puede decir a su cliente que, con un cambio de conducta, actitud o estilo de vida, existen muchas posibilidades de que las marcas negativas desaparezcan y las líneas se autorreparen según vaya teniendo lugar el proceso de curación del organismo.

A la hora de diagnosticar

Llegados a este punto es necesario decir y subrayar que, antes de llegar a ninguna conclusión sobre la salud de la persona, cualquier signo negativo en un indicador principal, como puede ser la línea del corazón, **debe ser respaldado por otras marcas** en las líneas principales o por otras características identificadas en la mano y en los dedos. Y, si los datos recogidos son preocupantes, se debe aconsejar a la persona que acuda al médico.

Recuerda siempre que:
a) podrías estar equivocado
b) las marcas pueden aludir a algún trastorno psicológico, más que a un problema clínico
c) Es posible que simplemente denoten una predisposición a la enfermedad, en lugar de indicar una enfermedad clínica desarrollada

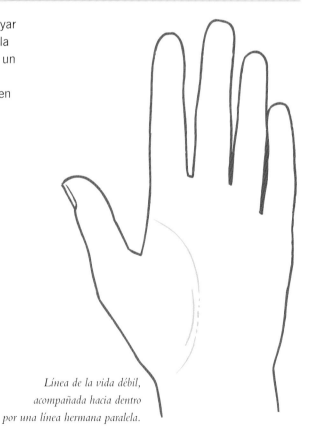

Línea de la vida débil, acompañada hacia dentro por una línea hermana paralela.

¿Derecha o izquierda?

Una de las principales cuestiones que se debe abordar a la hora de leer las manos es cuál es la mano «dominante». Existe mucha confusión acerca de la condición de diestro o zurdo, algo que por otra parte no es de extrañar dada la abundancia de viejos dichos sin fundamento, del tipo de «zurdo se nace y diestro es lo que uno se hace».Y el hecho de que la palabra «izquierdo» en latín *(sinister/sinistra)* implique siniestra malevolencia ha hecho que, durante siglos, las personas zurdas fueran objeto de desconfianza y consideradas malvadas.

Restablecimiento del equilibrio

Afortunadamente los psicólogos han llevado a cabo un admirable trabajo para aclarar toda la cuestión de la condición de zurdo o diestro y, en el proceso, han reivindicado a las personas zurdas, que tanto han sufrido a lo largo de la historia. Las investigaciones han llegado a la conclusión de que, en Occidente, entre un doce y un trece por ciento de las personas son zurdas y, de ellas, una ligera mayoría son hombres. Las pruebas han demostrado que los dos hemisferios del cerebro controlan funciones muy diferentes.
El lado izquierdo se encarga de los que podríamos llamar temas «duros», como los

«Yo» público y «yo» privado

Las conclusiones científicas en relación con la condición de zurdo o diestro han ayudado también a aclarar el marco en el que se mueven los analistas de la mano y confirman lo que ya se sabía acerca de las diferencias entre ambas manos. Cada mano alberga información específica. La mano pasiva (controlada por el hemisferio «intuitivo», «emocional») revela nuestras reacciones instintivas, nuestro potencial, nuestro «yo» privado. La mano dominante (controlada por el hemisferio «lógico», «racional») nos habla de nuestro «yo» público, de nosotros como persona, siempre que hayamos desarrollado todo nuestro potencial. Reconocemos que la información proporcionada puede variar entre ambas manos en una misma persona e incluso puede ser contradictoria.

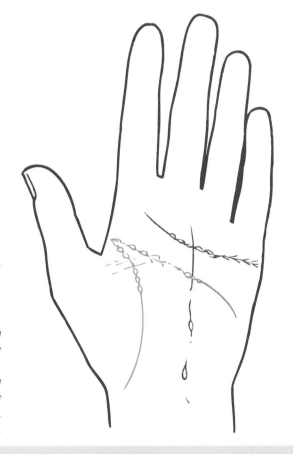

Las líneas poco definidas y quebradas en esta mano izquierda y en el inicio de las líneas principales en la mano derecha de esta imagen sugieren una constitución débil en la juventud. Al poco de cumplir los veinte años, el sujeto en cuestión se mudó a un país más cálido y empezó a llevar un estilo de vida más adecuado, su salud mejoró y, en consecuencia, se produjo el desarrollo de líneas más marcadas.

procesos lógicos necesarios para leer, escribir y calcular. El hemisferio derecho, en cambio, se ocupa de los procesos «más suaves», como son nuestras respuestas intuitivas y emocionales a diferentes cuestiones, nuestra capacidad para apreciar el arte, la música y cosas similares.

Cruce de funciones

Resulta fascinante que las órdenes de los dos lados del cerebro crucen de un lado a otro y controlen el lado opuesto del cuerpo, de modo que el hemisferio izquierdo controla el ojo, la oreja, el brazo, la mano, la pierna, el pie y demás estructuras del lado derecho, mientras que el hemisferio derecho del cerebro controla el lado izquierdo. Y así la mayor parte de la gente escribe con la mano derecha, patea el balón con el pie derecho y así sucesivamente. En estas personas, la mano derecha se considera la mano dominante o activa, mientras que la izquierda es conocida como la mano pasiva.

La única diferencia en los zurdos es que los papeles de sus dos hemisferios se encuentran invertidos. En ellos, el hemisferio derecho es el que se ocupa de los temas «duros» y controla las estructuras del lado izquierdo, de modo que su mano izquierda es la dominante. Tan sencillo como eso, y nada de siniestro.

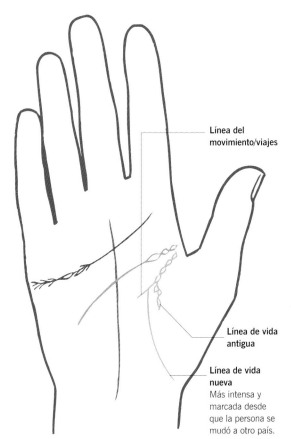

Línea del movimiento/viajes

Línea de vida antigua

Línea de vida nueva
Más intensa y marcada desde que la persona se mudó a otro país.

Comprender las diferencias

Comprender las diferencias entre nuestras manos es muy importante porque al analizar las marcas relacionadas de manera específica con cuestiones de salud, debemos diferenciar claramente los hallazgos según la mano en la que se observen. Las marcas en la mano pasiva nos hablan de nuestra predisposición heredada a la enfermedad, de lo que puede suceder si esa persona hace mal uso de sus sistemas orgánicos. Las marcas en la mano activa o dominante muestran el tipo de enfermedades que es más probable que desarrolle esa persona.

Visión de conjunto

No obstante, es necesario considerar ambas manos juntas, ya que podría haber marcas positivas en la pasiva que compensan cualquier información negativa en la mano activa. Cuando ambas manos muestran las mismas marcas adversas, significa que las probabilidades se inclinan al desarrollo de esa determinada enfermedad. Pero, incluso en tal caso, no podemos estar seguros, ya que las líneas cambian, y lo hacen en ambas manos.

Guía paso a paso

Presentamos aquí algunos importantes principios diseñados para ayudar, tanto al analista como a la persona analizada, a sacar el mayor partido posible de la lectura de las manos.

Labor de detective

Considera el análisis de la mano como si fuera el trabajo de un investigador de la policía que está elaborando el retrato robot de un criminal. En general, las características tienden a fundirse entre sí. Son esas marcas excepcionales las que debes buscar y las que puede que, más adelante, requieran un estudio más detenido.

Identifica signos tempranos

La probabilidad de que tu interpretación tenga éxito es mayor si identificas con suficiente precocidad los signos en las manos y realizas un seguimiento de los cambios.

Ejercita tu libre albedrío

Una de las reglas fundamentales del análisis de la mano es que las líneas pueden cambiar, y cambian, y que todos gozamos de un libre albedrío que podemos utilizar en mayor o menor medida en la vida.

Si, examinando nuestras manos, descubrimos, por ejemplo, cierta tendencia a los problemas respiratorios, tendremos la posibilidad de hacer algo al respecto, si lo deseamos. Quizá manteniéndonos calientes, evitando el frío, dejando de fumar o acudiendo rápidamente al médico en el momento en el que sintamos alguna molestia en el pecho, podamos prevenir el desarrollo de algún problema bronquial. Pero si sabemos que tenemos predisposición a la bronquitis y decidimos vivir en un lugar húmedo y frío, fumamos un cigarrillo detrás de otro e ignoramos cualquier molestia en el pecho, entonces el sistema más débil –en este caso el sistema respiratorio– pagará el precio.

El poder en nuestras manos

A través del estudio de las manos y de la medición de las líneas, tomamos el control de nuestro destino, de nuestra vida y de nuestra salud. Mediante el conocimiento de las marcas de las manos y de su relación con el organismo como un todo podemos, por voluntad propia, tomar ese control.

La importancia de las proporciones

En el motor de un coche todos los componentes deben estar sincronizados y funcionar armónicamente o no habrá coordinación y unos se desgastarán más rápidamente que otros, dando lugar a un efecto dominó, pues cada parte estará forzando a otra y ésta a su vez a otra.

Este concepto es aplicable al estudio de la palma de la mano, ya que uno de los más importantes principios subyacentes es que cada rasgo de una mano ha de tener una relación adecuada con los demás. Un monte desproporcionadamente grande, un dedo extraordinariamente corto en comparación con el resto o una uña con una forma diferente subrayan la particularidad concreta representada por ese rasgo de la mano. Un aspecto discordante desequilibra en cierto sentido todo el sistema. Esto es aplicable también a las líneas de la mano.

¿Coinciden las líneas con el tipo de mano?

Si es tu caso, puedes decir que gozas de equilibrio. Si no es así, quizá experimentes toda suerte de tensiones y emociones en conflicto. Es posible que te resulte difícil tomarte las cosas con calma, que reacciones indebidamente en ciertas situaciones o que manifiestes a otras personas señales incorrectas. En casos extremos pueden aparecer lo que los psicólogos denominan «problemas conductuales», con agresividad y cambios de humor repentinos que progresan hacia la acumulación de frustración emocional. En conjunto, este desajuste entre los elementos de la mano refleja una fricción interna, que puede ir minando la salud física y mental de la persona si no se revisan las tensiones.

Observa todos los signos en conjunto

Como resumen cabe decir que no debes fijarte solo en una línea o en un monte y empezar a sacar conclusiones. Para obtener una cuadro equilibrado de la situación debes considerar todas las características de ambas manos.

Comprueba el color y la estructura

Otro importante factor para detectar cualquier desequilibrio ogánico es el color de las líneas. Demasiado pálidas o demasiado oscuras en comparación con el resto de la piel de la palma de la mano indicaría que algo no está bien. También se debe tener en cuenta si las líneas son gruesas o finas, muy superficiales o muy marcadas. Fíjate en cualquier defecto o en marcas inesperadas en la líneas, como que parezcan deshilachadas, rotas, con cruces, islas, cadenas o alteradas de cualquier otro modo en su recorrido, para abordar potenciales puntos peligrosos y lanzar la voz de alarma.

Situación en el tiempo

Aunque la precisión no sea absoluta, una de las grandes ventajas del estudio de la mano es que estas marcas en las líneas pueden situarse en el tiempo, midiendo la palma y aplicando un parámetro temporal (se explica en la Segunda parte, págs. 88-89). De manera que es posible realizar ciertas predicciones, igual que un doctor predice el posible inicio de una enfermedad al observar determinados síntomas de alarma específicos. Un examen preciso de las marcas en las líneas de la mano llevará al experto analista a prever ciertos resultados en función del comportamiento, los hábitos y el estilo de vida de la persona. Y esos parámetros temporales podrá realizar una estimación bastante buena del momento en el que es probable que el organismo sufra un trastorno.

Trabajar con buena iluminación

Cuando se observen o se midan patrones cutáneos y huellas dactilares, se debe trabajar en buenas condiciones de iluminación y tratar de observar la mano bajo una lente de aumento. Salvo si solo se va a echar un vistazo superficial, es más fácil trabajar a partir de una impresión.

El poder del tacto

No te asuste palpar la mano. Si te resulta necesario, sostenla, frótala y masajéala. Haz todo lo necesario para comprobar la consistencia de la mano, pero recuerda también que, al mismo tiempo, esa acción de tocar es un poderoso medio terapéutico.
La información que puedes obtener simplemente sosteniendo la mano de una persona es enorme y, además, te permite ofrecer mucho más a esa persona. Porque, lo creas o no, al sostener la mano de tu cliente estarás intercambiando energía con él y transmitiéndole precisamente eso que busca en ti: la facultad de curar.

Guía en tres pasos de salud en las manos

Se trata de una rápida guía en tres pasos para analizar las manos, más un recordatorio de cosas en las que hay que fijarse.

1 Comprueba, en primer lugar, que todas las características guardan armonía. ¿En qué categoría puede clasificarse la mano y son acordes los dedos con la palma? ¿El pulgar equilibra la mano o parece un elemento ajeno? Pregúntate también si los patrones de dedos y palma son normales y si las líneas de la mano responden al tipo de mano, dependiendo de si es del tipo tierra, aire, fuego o agua.

2 Toma nota del curso y de la dirección de las líneas, de su calidad y estructura. Revisa detalles como la existencia de islas, interrupciones y ramificaciones. Todo ello es necesario para un adecuado estudio cronológico, dado que proporciona datos sobre episodios, situaciones y circunstancias del pasado, del presente y posiblemente del futuro.

3 A continuación compara una mano con la otra. Sírvete de dibujos para realizar un mapa de la mano dominante y de la mano pasiva y para tomar nota de cualquier discordancia entre ellas que pueda desvelar la existencia de disparidad entre las vertientes privada y pública de la persona y también entre los aspectos «reales» y «potenciales» de su vida

RESUMEN DE ASPECTOS EN LOS QUE DEBES FIJARTE:

- Mano llena/vacía (*véase pág. 103*)
- Líneas acordes con la mano (*véase pág. 37*)
- Color (*véase pág. 50*)
- Estructura de las líneas (*véase pág. 102*)
- Marcas específicas en las líneas (*véase pág. 74*)
- Situación en el tiempo (*véase pág. 88*)

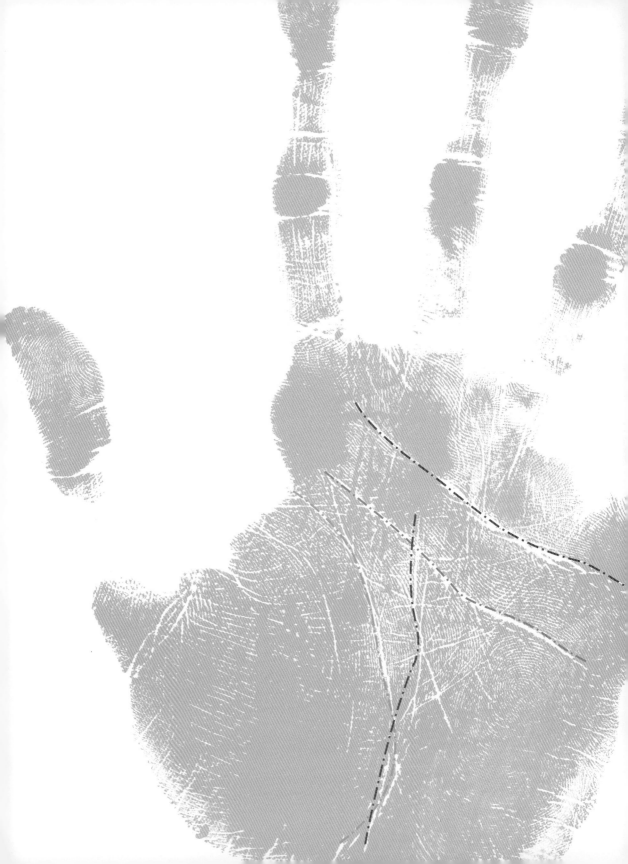

Segunda parte

Indicadores de salud
Señales de salud específicas

Ahora que nos hemos familiarizado ya un poco con los
fundamentos de la lectura de la palma de la mano, podemos
comenzar a realizar un análisis más detallado de los indicadores
de salud que es posible identificar en las manos. Sobre la base de
lo aprendido en la Primera parte, esta sección te guiará paso a paso
en un viaje a través del ondulado paisaje de la mano. Descubrirás
aquí marcadores específicos de salud, tanto física como psicológica,
representados por cada área de la mano, y conocerás sus efectos
actuales y sus implicaciones futuras. ¿A qué enfermedades eres
especialmente propenso? ¿Sufres estrés? ¿Tienes predisposición
a la migraña, a los problemas de espalda o a la hipertensión?
Las señales presentes en tus palmas pueden revelar alergias
o problemas digestivos, trastornos nerviosos o quizá enfermedades
más graves, como problemas cardíacos, por ejemplo.
Tus manos tienen mucho que decir acerca de tu estado de salud.

Señales en las manos

Aspecto de las manos

Tal y como ya se ha destacado en la Primera parte, los gestos, los movimientos, la temperatura, el color y el tipo de manos son útiles indicadores de salud.

Gestos

• *Unas manos lánguidas* transmiten rechazo y negatividad y se observan a menudo en personas que sienten que no controlan su vida. Desde el punto de vista físico, las personas gravemente enfermas dejan también que sus brazos y manos cuelguen de manera lánguida, sencillamente porque les falta la fuerza física.

• *La manera en que se lleva el pulgar* es muy reveladora. Un pulgar rígido y próximo a la palma, formando un ángulo agudo, delata a alguien con un autocontrol excesivo. Las personas inhibidas o que sufren por conflictos o tensiones internas pueden mostrar este tipo de rigidez. Un pulgar más flexible, que forma un ángulo amplio con el resto de la mano o con la punta suavemente flexionada, revela una disposición mucho más abierta y serena.

• *La sudoración* es una de las respuestas del sistema nervioso autónomo al miedo. Dado que en la palma de la mano se concentran un elevado número de glándulas sudoríparas, todos hemos tenido las manos sudorosas en algún momento de aprensión. El gesto más característico en este caso es el de secarse las manos, sobre los muslos o quizá con un pañuelo.

• *Los movimientos rígidos o espásticos de manos y brazos* son invariablemente un signo de tensión. Y lo mismo puede decirse de juguetear con algo. Tamborilear con los dedos sobre la mesa, dar vueltas con los dedos a las cuentas de un collar o retorcer un mechón de pelo una y otra vez alrededor del dedo índice, son signos de nerviosismo, de falta de seguridad o de impaciencia inmediatamente reconocibles. Otro signo evidente de ansiedad es el de retorcerse las manos.

• El hábito de *comerse las uñas* se asocia a sensación de inseguridad. En los adultos, unas uñas torpemente mordidas son un síntoma clásico de disposición ansiosa.

• *Los movimientos controlados y suaves,* con las manos en una postura relajada y tranquila, transmiten confianza y seguridad en uno mismo.

Pulgar pegado: indica inhibición o conflicto interior

Pulgar en ángulo más abierto: indica disposición abierta y más relajada

- *Brazos y manos pegados al cuerpo,* o con las manos en los bolsillos fuera del alcance de la vista, son signos de una naturaleza introvertida o a la defensiva.
- *Los movimientos amplios y expansivos* —brazos separados del cuerpo y que vuelan hacia fuera— se asocian a gente de personalidad más extrovertida.
- *Gestos que delatan ira y agresividad* son demasiado numerosos y bien conocidos por todos para enumerarlos aquí, pero cabe mencionar plantar con fuerza un puño cerrado sobre una mesa, cortar el aire con el dedo índice o doblar los dedos de forma rígida como si fueran garras.

Notas de salud

Estudios realizados en una residencia de enfermos mentales puso de manifiesto la tendencia de los residentes a sentarse y balancearse mientras mantenían los pulgares dentro de los puños apretados. Los analistas de la mano consideran que los pulgares son los dedos más importantes, pues representan voluntad, determinación y fuerza de carácter. La actitud de esconder los pulgares es un signo de retraimiento, equivalente a decir que no queremos saber, que no queremos o no somos capaces de utilizar nuestra voluntad para cambiar las circunstancias.

Temblor de manos

Tiene diversas formas de presentación y puede ser indicativo de enfermedad grave. La mano temblorosa a la mañana siguiente de una noche de consumo excesivo de alcohol puede pasarse al día siguiente. Pero un bebedor empedernido puede presentar un fino temblor de manos constante, que solo se cura si deja de beber. Estos temblores pueden aparecer también como resultado del consumo de drogas o cuando el paciente ingiere dosis altas de ciertos minerales, como es el caso del envenenamiento por plomo o mercurio.

Grados de temblor

En el hipertiroidismo, que es un trastorno hormonal, un leve temblor de manos es uno de los primeros síntomas, agravado especialmente cuando se extienden los brazos y se estiran los dedos. Los temblores finos también pueden indicar trastornos del sistema nervioso central o enfermedades que van desgastando progresivamente la musculatura. En la esclerosis múltiple puede presentarse un temblor más intenso. En este caso, los espasmos musculares dan lugar a un temblor evidente cuando el individuo intenta agarrar un objeto, si bien no existe temblor cuando la mano está relajada o en reposo.

Nunca precipitarse

Como en cualquier otro aspecto de la salud, no debe aventurarse un diagnóstico definitivo a partir únicamente de signos presentes en las manos —y desde luego no a partir de un síntoma como el temblor— y jamás ese diagnóstico debe provenir de alguien que no sea un profesional médico cualificado. Los temblores finos representan un caso a tener muy en cuenta, pues pueden confundirse fácilmente con otros trastornos como el temblor familiar, una alteración hereditaria y no patológica que se manifiesta cuando el individuo se encuentra emocionalmente alterado o se siente particularmente intimidado.

Y, por supuesto, el temblor es un síntoma identificable propio de estados de miedo, ansiedad e histeria. En estos casos los movimientos involuntarios de las manos y de los dedos son temblores nerviosos sin un patrón rítmico y que remiten cuando el individuo se calma. Los gestos nerviosos —movimientos de las manos erráticos, incontrolados o inapropiados cuando la persona se encuentra en un estado de gran agitación— se incluyen también en esta categoría.

La hipoglucemia (niveles bajos de glucosa en sangre) también puede causar temblor. Aunque a menudo se asocia a diabetes, puede también presentarse de forma más inocua como resultado de un régimen dietético demasiado estricto o de no comer durante largos periodos de tiempo —en este último caso, el fino temblor de dedos desaparece cundo se toma glucosa o algún zumo de frutas. Y beber café demasiado fuerte también puede dar lugar a un temblor temporal.

Enfermedad de Parkinson

Existe, no obstante, un tipo de temblor de manos que es inconfundible y que se conoce como gesto de «contar monedas» y es el movimiento rítmico involuntario de la punta del pulgar frotando contra la punta del dedo índice. Se trata de un síntoma característico de la enfermedad de Parkinson. Tiende a producirse cuando las manos están en reposo, y desaparece con el movimiento.

Temperatura

A menudo revela problemas de salud, pero hay que utilizar el sentido común para decidir si otros factores transitorios podrían estar causando cambios (v. más adelante).

Los cuatro tipos de manos

Cuando se considera el aspecto general de la mano, los cuatro tipos elementales de mano son otro importante factor a tener en cuenta. Se ofrece a continuación un resumen de estos tipos (v. también Primera parte, páginas 16-17, y «Tu tipo de líneas», página 102).

Mano de tierra
Personas prácticas, estables, amantes del aire libre

El tipo de tierra muestra propensión a:
- preocupación
- problemas estomacales o intestinales
- afecciones de la piel
- problemas articulares
- fatiga física

Mano de aire
Comunicadores locuaces, con pasión por aprender

El tipo de aire muestra propensión a:
- dolores de cabeza
- sistema nervioso delicado
- problemas respiratorios
- afecciones de oído, nariz y garganta
- catarros y resfriados
- fatiga mental

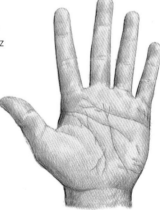

Pistas relacionadas con la temperatura

- Unas manos demasiado frías, a pesar de una temperatura ambiente cálida, pueden denotar problemas circulatorios.
- Si las manos están frías y secas y ofrecen una sensación pastosa, podrían estar apuntando a una tiroides hipoactiva, especialmente si los dedos son regordetes, como salchichas. La obesidad es en este caso otro síntoma.
- Un estado de shock, ya sea por una lesión o por un trauma emocional repentino, da lugar a síntomas psicológicos característicos, entre los que se incluyen manos frías y húmedas. A menudo se produce también excesiva sudoración. Una ansiedad y un nerviosismo ligeros también pueden dar lugar a manos frías y sudorosas.
- Unas manos calientes y sudorosas (cuyo dueño no haya estado haciendo ejercicio), puede ser un síntoma que confirma un estado de hipertiroidismo.
- Unas manos secas y calientes pueden deberse a hipertensión o problemas renales.
- Las manos muy calientes y secas acompañan a menudo a la fiebre alta.
- Una piel cálida y seca, aunque sea por el uso excesivo de detergentes, agentes químicos y disolventes, puede ser sintomática de deficiencias nutricionales.

Mano de fuego

Personas superdinámicas, con un ritmo de vida frenético

El tipo de fuego muestra propensión a:
- accidentes y lesiones por quemaduras y objetos afilados
- problemas cardiovasculares
- dolores de espalda y problemas de columna vertebral
- escalofríos y estados febriles
- agotamiento físico y mental

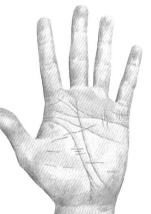

Mano de agua

Personas sensibles, amables, románticas y delicadas

El tipo de agua muestra propensión a:
- sistema digestivo sensible
- depresión, neurosis, conducta obsesiva y trastornos psicológicos similares
- piel delicada
- reacciones alérgicas
- afecciones reumáticas
- sistema inmunitario delicado
- complicaciones del sistema reproductor
- baja resistencia física y pocos recursos
- adicciones

Color

El color de las manos es un signo general de gran utilidad. Uno de los ejemplos más evidentes en este sentido es el de los grandes fumadores, en los que las manchas marrones en los extremos de los dedos corazón e índice los delatan invariablemente. Los efectos esperados de este hábito sobre la salud de la persona son tan numerosos que no es posible enumerarlos aquí, si bien, en los fumadores, un estudio de la mano puede revelar perfectamente si existen otros factores que podrían verse agravados por el consumo de tabaco. Así, por ejemplo, es fácil identificar la predisposición a los trastornos del aparato respiratorio y, si se sospecha la más ligera propensión a padecer bronquitis crónica, enfermedad coronaria o incluso cáncer de pulmón, entonces el mensaje es evidente.

Factores raciales

Aunque la mayor parte de la información disponible acerca de aspectos de las manos relacionados con la salud es común a todas las nacionalidades, desgraciadamente no se han llevado a cabo suficientes estudios sobre las variaciones de color en las manos de personas de raza negra. No obstante, dado que el color es solo uno de los numerosos factores a tener en cuenta, existen en las manos suficientes pistas para llegar a una conclusión satisfactoria en personas de todas las razas.

Nota: Ciertos trastornos autoinmunitarios también pueden causar pigmentación anómala de la piel en las manos. El vitíligo, por ejemplo, es una enfermedad que cursa con áreas de piel claras, de manera que la mano parece manchada, mientras que en el trastorno conocido como enfermedad de Addison la piel adquiere una pigmentación más oscura, como si la mano estuviera bronceada, aunque no haya habido exposición al sol ni a bronceadores artificiales.

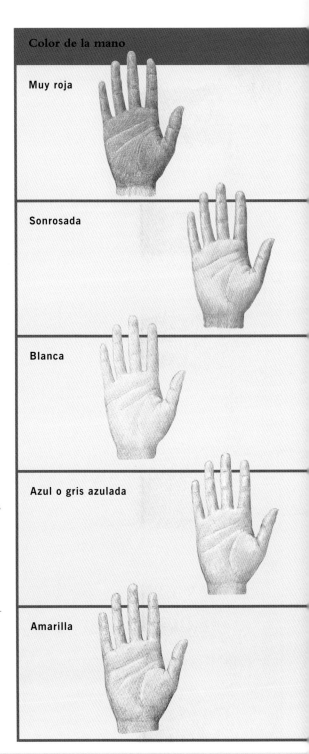

Color de la mano

Muy roja

Sonrosada

Blanca

Azul o gris azulada

Amarilla

Tipo psicológico	Indicadores de salud	
• Temperamento irascible • Ira • Pasión • Energía	• Posible presión arterial elevada • Posible disfunción hepática, especialmente cirrosis hepática • Trastornos glandulares • Enfermedades gotosas • propensión al ictus • Diabetes	• Estados febriles • Temperatura elevada • Exposición a productos químicos, alérgenos o inclemencias del tiempo • El enrojecimiento del borde de percusión es a veces un signo de embarazo
• Disposición equilibrada	Sea cual sea la raza, una coloración sonrosada de la mano es signo de una constitución sana.	
• Egocentrismo • Falta de calidez hacia los demás • Falta de energía o entusiasmo	• Posible anemia por deficiencia de hierro • Mala circulación • Presión arterial baja • Ansiedad • Shock	
• Actitud crítica • Naturaleza perezosa • De reacción o respuesta lenta • Persona inactiva, vaga • Disposición nerviosa, propensa al shock	• Problemas circulatorios, cardiovasculares o respiratorios, especialmente si la mano está azul y fría (trastorno conocido como cianosis, que puede conferir un tono azulado al lecho ungueal, a las uñas y a veces a los dedos y las palmas de las manos)	• Shock (coloración azulada acompañada de sensación de frío y humedad) • Reacciones adversas a fármacos y agentes químicos • Efectos de catarro grave
• Tendencia a prejuzgar • Envidia • Resentimiento • Aspecto sombrío • Depresión	• Ictericia • Casos graves de anemia perniciosa • Hepatitis • Exceso de betacaroteno (por comer gran cantidad de zanahorias o beber demasiado zumo de zanahorias)	Si no se confirma ninguno de estos trastornos, en ocasiones un tono amarillo de la piel puede indicar un valor muy alto de colesterol, que es un factor de riesgo para el sistema cardiovascular.

Señales en las uñas

Interpretación de formas y signos

Los dos principales aspectos que ha de considerar un analista de las manos es la forma de la uña y cualquier «irregularidad» que presente.

Uña cuadrada
• Lados paralelos y base recta.
• Persona fuerte y sana, estable, ecuánime, poco dada a enfadarse.
• La variante más larga y rectangular también refleja una personalidad tranquila, aunque algo escrupulosa, que puede llevar a la hipocondría.
• Una uña cuadrada muy corta refleja una naturaleza irritable, crítica y nerviosa, propensa al egocentrismo, a la afectación emocional y a la neurosis y sin calidez hacia los demás.

Uña larga y estrecha
• Base redondeada y lo suficientemente estrecha como para dejar libre una buena parte de dedo a cada lado de la uña.
• Un juego completo de uñas largas y estrechas sugiere inestabilidad emocional, a menudo con tendencia a la represión y a los trastornos psicológicos.
• Desde el punto de vista psicológico, estas personas suelen ser delicadas, pero con mucha energía nerviosa.
• Unas uñas extremadamente estrechas denotan hipersensibilidad.
• Unas uñas estrechas y gruesas, que tienden a curvarse en forma de garra, indican deficiencias alimentarias y mala eliminación de toxinas.

Uña con forma de abanico
• Forma triangular, de modo que la uña va estrechándose hasta un punto en su raíz.
• Disposición muy sensible, a menudo impulsiva; posiblemente irracional o neurótica.
• Desde el punto de vista psicológico, las uñas pueden adoptar esta forma como resultado de estrés grave o shock emocional, pero la forma de abanico es en general un importante signo de aviso de que el estrés es uno de los puntos débiles del individuo con este tipo de uñas.

Uña ancha
• Lados paralelos y base recta, pero uña más ancha que alta.
• Refleja un temperamento explosivo que, una vez que se ha calmado, no deja un enfado duradero.
• Desde el punto de vista psicológico, las personas con este tipo de uñas se consideran fuertes y resistentes, aunque algunos analistas de las manos las describen como de tipo apopléjico.

Notas de salud

Se considera que las vitaminas A y D ayudan a mantener las uñas sanas, como la sal tisular Sílica y la combinación K.

Irregularidades de las uñas

Una deformidad en una uña indica una alteración en el proceso de crecimiento y, por tanto, irregularidades en la fisiología del individuo. Las condiciones ambientales también afectan a las uñas: la humedad extrema provoca distorsión y, en invierno, se rompen más.

▲ Estrías horizontales

• Estas estrías confirman el ritmo de crecimiento de la uña y coinciden con traumatismos físicos o psicológicos, lo que evidencia que los episodios catastróficos alteran el flujo uniforme del material queratinoso que constituye la uña.

• Una sola estría horizontal que atraviesa la uña es probable que sea el resultado de una lesión de la propia uña.

• Una estría horizontal en todas las uñas puede deberse a alguna lesión o afección sistémica —dieta drástica o shock emocional, por ejemplo. En este caso la estría se forma en la raíz de la uña, o punto de crecimiento, y va desplazándose hacia arriba con el crecimiento de la uña. Dado que una uña tarda en torno a seis meses en crecer desde la raíz hasta el extremo del dedo, es posible estimar la fecha del episodio traumático. Por ejemplo, una estría horizontal hacia la mitad de la uña indica que el episodio en cuestión se produjo hace unos tres meses.

▲ Estrías verticales

• Con la edad, tienden a aparecer marcadas estrías verticales, que sin embargo también pueden asociarse a una fisiología delicada y sensible a los alérgenos. En muchos casos este plegamiento se considera hereditario y pone de manifiesto tendencias genéticas en materia de salud.

• La artritis reumatoide se halla ligada de manera especial a unas uñas con acusadas estrías verticales. Como en todas las enfermedades representadas por alteración del color o irregularidades en las uñas, cuando se produce el restablecimiento, las uñas recuperan la normalidad.

Otros trastornos sugeridos por las estrías

Problemas asociados a estrías horizontales:

• La repentina interrupción del riesgo sanguíneo —un ataque cardíaco, por ejemplo– puede interferir en la producción de uña

• Enfermedades infecciosas como las paperas, el sarampión y la escarlatina, infecciones agudas y fiebres altas

• Si todas las uñas muestran una serie de estrías horizontales, ello representa un período más prolongado de alteración sistémica

• Una mala nutrición, posiblemente debida a una dieta estricta, así como las deficiencias de vitaminas A, D y del complejo B

• Fracturas óseas

• Estrés a largo plazo

Problemas asociados a estrías verticales:

• Una glándula tiroides excesivamente activa

• Ciertas enfermedades crónicas de la piel

• Trastornos gástricos

▲ Uña convexa

• Esta forma de uña indica a menudo problemas respiratorios, entre ellos catarros persistentes, tos y bronquitis, y puede verse en fumadores. La curva comienza en la uña del dedo índice izquierdo, seguida del índice derecho, del dedo corazón izquierdo y después del corazón derecho.

• El debilitamiento progresivo de los pulmones halla reflejo en que todas las uñas de ambas manos terminan curvándose en forma de gancho.

• Si la persona deja de fumar, las uñas recuperan la normalidad.

▲ Uña cóncava

• Todas las uñas de ambas manos con forma de platillo sugieren falta de energía. La constante exposición a agentes químicos, agua o suavizantes cono aceites puede engrosar y reblandecer las uñas, que crecerán curvadas.

• A veces, este trastorno se presenta en ciertas enfermedades mentales.

• Signo muy frecuente de deficiencias nutricionales, concretamente de un serio desequilibrio mineral que debilita y adelgaza la uña. Al mejorar la dieta y tomar suplementos de vitaminas, minerales o sales tisulares, las uñas se recuperan.

• Las uñas cóncavas están ligadas asimismo a la anemia por deficiencia de hierro. Bastante comunes en mujeres embarazadas y premenopáusicas, las uñas suelen volver a la normalidad al tomar suplementos de hierro.

El color de las uñas

En la mano ideal, el color del lecho ungueal es del mismo tono que la pigmentación de la palma, de modo que la mano de una persona blanca presenta uñas de un saludable tono sonrosado, mientras que las uñas de una persona de raza negra tienden a ser de un tono beige-rosado. Lisas, transparentes y con un brillo satinado, las uñas deben ser suavemente redondeadas de un lado a otro y ligeramente flexibles. Las lúnulas deben estar bien definidas y son de un tono blanco lechoso.

- Una excesiva palidez de las uñas puede indicar anemia por deficiencia de hierro. La falta de vitalidad se asocia a unas uñas de color rosa pálido.
- El color blanco, e incluso amarillo, puede apuntar a disfunción hepática. Ciertas enfermedades venéreas se asocian también a unas uñas blanquecinas o amarillentas.
- La cianosis (coloración azulada de la piel causada por problemas circulatorios) también tiñe de un tono azulado característico los lechos ungueales.
- Las uñas amarillas indican ictericia y otros problemas que afectan al hígado. Un exceso de betacaroteno también otorga un tono amarillento distintivo a los lechos ungueales.
- Unas uñas demasiado rojas sugieren presión arterial alta y tendencia a las enfermedades cardiovasculares.

Invasores peligrosos

La uña también puede ser atacada, fundamentalmente por agentes bacterianos o fúngicos. Una afección frecuente es la paroniquia, un trastorno muy doloroso que causa inflamación del lecho ungueal, de la cutícula y del extremo del dedo alrededor de la uña. Si no se trata, puede causar engrosamiento de la uña, aparición de marcadas estrías, alteración del color y deformidad.

▲ Uña abombada

- También conocida como uña hipocrática (en honor de Hipócrates, médico erudito de la Antigua Grecia que describió por primera vez esta forma de uña y que la asoció con enfermedades del pulmón, como la neumonía y la tuberculosis), aún hoy se la reconoce como un síntoma de ciertos trastornos respiratorios.
- Sugiere predisposición a problemas cardiovasculares, enfisema, cardiopatía y oxigenación deficiente
- Puede ser sintomática de cirrosis hepática. En algunos casos graves, también se observan dedos de porra (dedos con las puntas deformes, bulbosas). Junto con otros signos, como la cianosis (color azulado), las uñas abombadas pueden ser indicativas de tumores pulmonares.
- Las uñas abombadas vuelven a la normalidad al recuperarse el sujeto.

Engrosamiento y hoyos

- Pequeñas picaduras y asperezas pueden sugerir psoriasis. La psoriasis grave puede provocar un engrosamiento de las uñas y desprenderlas del lecho ungueal.
- La presencia llamativa de hoyos puede revelar enfermedades autoinmunes.
- Si las uñas son más gruesas y duras de lo normal, de tal modo que resulta difícil cortarlas, y si adquieren un tono amarillento pueden indicar problemas linfáticos, enfermedad cardiovascular o diabetes.

Uñas quebradizas

- Unas uñas delgadas, desconchadas o quebradizas pueden ser una señal de desequilibrio mineral.
- La carencia de calcio y proteínas puede ser responsable de unas uñas débiles y blandas (así como el frío y la humedad).
- Las uñas quebradizas, de crecimiento lento y sin brillo se asocian en ocasiones a una glándula tiroidea hipoactiva.

Color y forma de la lúnula

- Lo ideal es que las lúnulas (a menudo visibles solo en los pulgares) sean de color blanco lechoso.
- Las lúnulas de tonalidad azulada denotan trastornos respiratorios y, a veces, problemas cardiovasculares.
- Unas lúnulas más grandes de lo habitual sugieren predisposición a una tiroides hiperactiva.
- La ausencia de lúnulas puede ser indicativa de una glándula tiroidea menos activa de lo normal; generalmente está ligada también a una constitución frágil.
- Unas lúnulas mal formadas pueden indicar predisposición a enfermedad cardíaca.

Manchas y puntos

Aparte de la alteración del color del lecho ungueal, también pueden aparecer en las uñas las más diversas manchas de color.

▲ Manchas o puntos blancos

Durante mucho tiempo fueron considerados un signo de deficiencia de calcio, en particular de fosfato de calcio. Puede efectivamente darse tal caso, pero habida cuenta de que muchas personas con estas marcas no han encontrado mejoría al aumentar su ingesta de alimentos ricos en calcio, tal vez exista una deficiencia o carencia de otro agente que obstaculiza la correcta absorción del mineral. Los actuales conocimientos apuntan como responsable a una deficiencia de cinc, magnesio y, posiblemente, de vitamina B$_6$.

En el terreno psicológico, el cansancio y la ansiedad pueden dar lugar también a ese característico moteado. Cabe destacar que las manchas desaparecen cuando los niveles de estrés disminuyen y los problemas se resuelven.

▲ Líneas blancas horizontales

Las líneas blancas que aparecen en las uñas, pero que no dan lugar a la formación de estrías en la propia materia de la uña (como en las líneas de Beau), se conocen como líneas de Mee. En algunos casos estas líneas denotan deficiencias nutricionales, aunque se encuentran más ampliamente documentadas por ser reflejo de envenenamiento por ciertos minerales, como arsénico y talio. Se asocian concretamente a fiebre aguda y aparecen también en ciertas coronariopatías.

▲ Manchas negras

Uno de los síntomas de infección bacteriana de las válvulas cardíacas se reconoce por la aparición bajo las uñas de diminutos hematomas en forma de pequeñas manchas negras alargadas.

▲ Vetas rojas

Son parecidas a las manchas negras, aunque ahora son de color rojo y se asocian a presión arterial elevada de larga duración. En casos graves, pueden estar ligadas a infección bacteriana del corazón.

▲ Lecho de uña pálido

Cuando el lecho ungueal es de color pálido, con una delgada franja roja hacia el final (cerca del borde libre de la uña), cabe sospechar una enfermedad hepática.

▲ Coloración blanca-parduzca

Unas uñas con la mitad inferior de color parduzco y la mitad superior blanca, se asocian a enfermedad renal.

Señales en los patrones cutáneos

Lectura de las crestas dérmicas

Los patrones que dibujan las crestas papilares de las yemas de los dedos ofrecen un punto de partida para establecer perfiles de personalidad y también una pista acerca de problemas de salud de posible desarrollo.

Asas

El predominio de dibujos en asa en las yemas de los dedos es un signo de naturaleza colaborativa y disposición tranquila. Estas personas disfrutan con un montón de intereses diferentes. Son de reacción rápida y les encantan las descargas de adrenalina que provocan una vida intensa y emocionante, llena de variedad.

Pistas sobre la salud:
Pueden indicar propensión a los problemas nerviosos, como agotamiento e incluso crisis mental.

Espirales

El predominio de imágenes de espirales es un signo de intensidad. Estas personas son profundos pensadores, de reacción lenta y de actitud extremadamente individualista. Se trata de personas que tienden a guardarse lo que sienten para sí mismas.

Pistas sobre la salud:
Pueden indicar tensión interna, que conduce a problemas cardiovasculares, intestinales o digestivos en general. A las personas con patrones de espirales les viene bien la práctica regular de técnicas de relajación, con respiración profunda.

Arcos

Un predominio de patrones en arco delata habitualmente a una persona práctica, muy trabajadora y con le pies en la tierra. Estas personas pueden manifestar cierto grado de reserva, que entorpece su capacidad para expresar los sentimientos más profundos.

Pistas sobre la salud:
En el ámbito físico, la tendencia a ocultar las emociones puede dar lugar a úlceras y trastornos digestivos y, desde el punto de vista psicológico, puede desembocar en estados de ansiedad ligados a represión e incluso a crisis nerviosas. Estos patrones pueden denotar asimismo predisposición a la hipertensión, así como a problemas cardíacos hereditarios. Cualquier forma de actividad creativa que permita la libre expresión de la imaginación es una excelente terapia catártica para las personas con un patrón de arcos en sus dedos. Las aptitudes creativas han de ser fomentadas en estas personas desde la más tierna edad.

Arcos tendidos

Los arcos tendidos suelen ser propios de individuos muy nerviosos y sensibles.

Pistas sobre la salud:

Pueden ser indicativos de problemas nerviosos. La impulsividad característica de esta tipología es posible que desemboque en accidentes y lesiones.

Patrón compuesto

Los patrones compuestos denotan falta de decisión, así como una mentalidad que necesita ver todos los lados del cuadro antes de llegar a una conclusión.

Pistas sobre la salud:

El exceso de especulación y de incubación mental de las cosas puede desembocar en fatiga mental.

Evidencia científica

A principios del siglo XX la atención en el campo científico se centró en el análisis de los patrones de las crestas cutáneas, en un intento por determinar si las anomalías físicas y mentales dejaban huella en las palmas de las manos y en las yemas de los dedos. Entre los pioneros en este campo destacan las figuras de Harold Cummins, Charles Midlo y L.S. Penrose. Charlotte Wolff, psicóloga, también llevó a cabo un buen número de estudios en pacientes con trastornos del aprendizaje. Se hallaron evidencias que confirmaban que los patrones anómalos ponen de manifiesto predisposición a ciertas enfermedades mentales. Por otro lado, se mostró que determinados patrones también pueden ser indicativos de trastornos congénitos y psicológicos, como cardiopatías y conducta obsesiva.

Patrones de trirradios

Estos patrones cutáneos —que se producen al coincidir de tres series de crestas— tienen un importante papel en la investigación médica. En estudios dermatoglíficos, se presta especial atención a tres trirradios.
Los primeros dos se localizan en la palma de la mano, justo debajo de los dedos índice y meñique, y se designan respectivamente con las letras «a» y «d».
El tercero, o trirradio axial, se localiza normalmente en la base de la palma y se conoce como «t». Si se trazan sendas líneas hacia abajo desde los dos trirradios superiores hasta el tercero en la base de la palma, el ángulo formado se conoce como ángulo «atd».
En la mano normal este ángulo debe medir aproximadamente 45 grados. Si el ángulo es mucho más amplio, debido a que el trirradio basal se encuentra más alto en la palma, los estudios sugieren que es posible que exista un defecto cardíaco, que requiere la realización de pruebas.

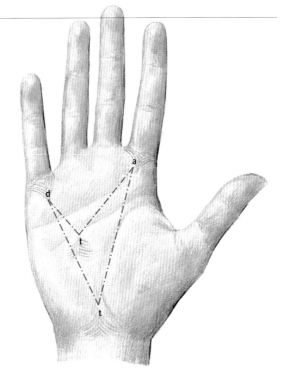

- _ . _ . _ normal
- _ . _ . _ posibles problemas cardiacos

Síndrome de Down

De todas las investigaciones llevadas a cabo en este campo, los hallazgos más ampliamente reconocidos son los concernientes al síndrome de Down, un trastorno causado directamente por anomalías cromosómicas. En este síndrome tienden a producirse irregularidades de las líneas principales, si bien también pueden observarse determinados rasgos en las crestas cutáneas, dependiendo de la gravedad de la enfermedad. Por ejemplo, las crestas tienden a discurrir por la palma en una dirección más horizontal, debido al desplazamiento hacia arriba en la mano del trirradio axial —el ángulo «atd» es mayor de 45 grados (ver página anterior). Existe también una incidencia más alta de asas cubitales en las yemas de los dedos y una mayor probabilidad de patrones complejos en el monte de la Luna, al mismo tiempo que se ha observado una disminución de patrones de líneas en el área de Venus.

La línea simiesca (ver pág. 81) que atraviesa la palma de la mano y un trirradio axial más alto son indicadores de síndrome de Down.

La herencia

Estudios científicos han demostrado que uno o ambos progenitores de los niños con síndrome de Down poseen patrones inusuales de crestas, aunque no muestren síntomas externos del síndrome, lo cual sugiere algún defecto en sus genes que podría transmitirse a su descendencia. De modo que, en el ámbito del asesoramiento genético, el conocimiento de las crestas puede tener un valor inestimable.

Otras pistas

En la India un grupo de médicos ha relacionado la deficiente alineación del trirradio axial con cardiopatías congénitas. Ello confirma los primeros estudios llevados a cabo entre japoneses-hawaianos, en los que se encontró que el sesenta y cuatro por ciento de los pacientes varones con cardiopatías congénitas también presentaban un trirradio desplazado hacia la mitad superior de la palma de la mano, frente al diecisiete por ciento en el grupo control.

También se han investigado los patrones cutáneos en sujetos con esquizofrenia. Ciertamente se registran imágenes insólitas, que pueden ser indicativas de defectos genéticos, pero ninguno de los estudios ha podido identificar patrones distintivos que sean característicos únicamente de esta enfermedad.

Aunque los patrones existentes al nacer no cambian nunca, es posible que, por mala salud

Imagen de «cordón de perlas»

o deficiencias dietéticas, se produzcan interrupciones de las crestas cutáneas, llamadas «cordones de perlas», a menudo porque el organismo está desequilibrado y sus defensas se encuentran en situación vulnerable. Se ha observado que los pacientes de sida muestran este efecto.

La imagen de «perlas» aparece también en enfermedades mentales y parece abundar entre las personas afectadas de esquizofrenia o trastornos mentales menos graves, como neurosis. Cuando el individuo recupera la salud, las crestas vuelven a la normalidad.

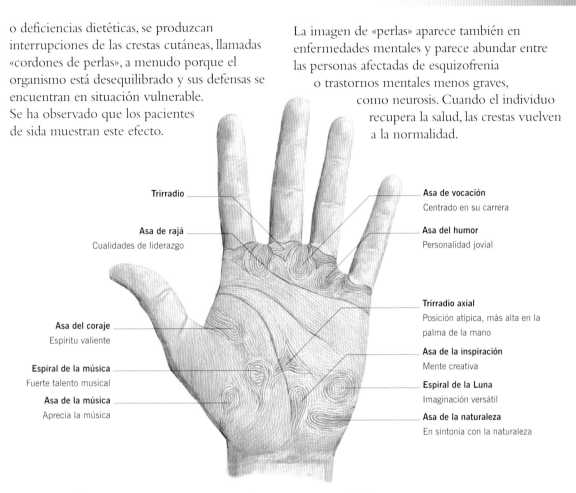

Trirradio

Asa de rajá
Cualidades de liderazgo

Asa del coraje
Espíritu valiente

Espiral de la música
Fuerte talento musical

Asa de la música
Aprecia la música

Asa de vocación
Centrado en su carrera

Asa del humor
Personalidad jovial

Trirradio axial
Posición atípica, más alta en la palma de la mano

Asa de la inspiración
Mente creativa

Espiral de la Luna
Imaginación versátil

Asa de la naturaleza
En sintonía con la naturaleza

Manos típicas y atípicas

	Huellas dactilares	Número de crestas	Patrones en la palma	Ángulo «atd»
Mano típica	El patrón más común de una huella dactilar es el asa, seguida muy de cerca de la espiral. Los arcos son menos frecuentes. Es habitual hallar una mezcla de patrones en las huellas dactilares.	El número normal de crestas de un asa es de 12-14.	En la palma de la mano es más frecuente encontrar una disposición abierta de las crestas, que por tanto discurren sin un patrón concreto. Los patrones complejos, como el de espiral, son menos frecuentes.	El ángulo «atd» normal es de 45 grados.
Mano atípica	Arcos y asas cubitales son más frecuentes. En general, el mismo patrón se repite en los diez dedos.	De media, existe un número inferior de crestas.	Patrones más complejos de espirales y asas y patrones compuestos tienden a repetirse en la palma	Dado que el trirradio axial se encuentra desplazado hacia arriba en la palma, el ángulo «atd» es a menudo mayor de 45 grados.

Señales en montes y llanos

Parte superior de la palma

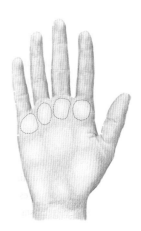

Piensa en los montes y llanos de la mano como en un paisaje fascinante, que te ofrece todo tipo de pistas sobre la salud física y psicológica. Recuerda: un monte dominante indica cuáles son los rasgos sobresalientes de la persona, mientras que un monte especialmente grande o pequeño sugiere sobreabundancia o ausencia de las cualidades asociadas a él. También es posible tener dos montes dominantes en igual medida, en cuyo caso se combinarán las cualidades correspondientes a ambas estructuras.

Monte de Júpiter

Características físicas
Los tipos jupiterianos suelen tener una buena estructura y disfrutar de una constitución fuerte y vigorosa.

Perfil psicológico
Cálidos y simpáticos, sociables y generosos (aunque en ocasiones con cierta tendencia a la extravagancia): estos son los rasgos característicos de los jupiterianos. Si tu monte de Júpiter es prominente, es un signo de que eres vital y animado, y te muestras a menudo capaz de llenar cualquier lugar con tu presencia.

Cuando es proporcionado
Evidencia una personalidad equilibrada y estable, que sabe tomarse las cosas con calma.

Cuando está muy desarrollado
Se trata de personalidades fuertes, cuyo gran apetito podría perfectamente ser la perdición para su salud. Tal es el caso especialmente cuando el monte no solo está demasiado desarrollado, sino que además se muestra de color muy rojo.

Notas de salud

Caracterizados por su gran apetito, los jupiterianos adoran la comida sabrosa y el buen vino y, aunque en sus manos abundan los signos de restricciones, ¡consumen mucho de ambas cosas a lo largo de su vida!

Cuando es pequeño y plano
Puede indicar depresión.

Predisposición a problemas de salud
Debido al gran apetito y a la inclinación a una vida desenfrenada, la mayoría de los jupiterianos muestran tendencia a ganar peso, aunque vigilan su dieta. Problemas bronquiales, trastornos intestinales, hipertensión y accidentes cerebrovasculares son enfermedades asociadas al tipo jupiteriano. Las líneas con estructura de islas alargadas y que atraviesan el monte confirman cierta propensión a las infecciones de vías respiratorias, tos y catarros.

Monte de Saturno

Características físicas

Las personas con un monte de Saturno muy desarrollado tienen dificultad para expresar afecto a los demás y, como son muy críticos y quisquillosos, es posible que se encuentren con que los demás son igual de reacios a demostrarles su cariño.

Perfil psicológico

Son tipos serios, tranquilos y sensibles, con gran autocontrol y capaces enseguida de asumir responsabilidades. El lado negativo de los saturnianos es la introversión, el carácter lúgubre y un aspecto fatalista e incluso mórbido.

Cuando es proporcionado

Lo mejor que puede ocurrir con este monte es que sea más bien plano, ni muy desarrollado ni poco desarrollado. En comparación con sus vecinos, el monte de Saturno debe siempre mostrarse más bajo y plano: un monte así denota buena salud física y mental.

Cuando está muy desarrollado

De todos los montes, este no debe mostrar excesivo desarrollo porque, cuando es así, denota que se trata de

Notas de salud

Las personas con un monte de Saturno excesivamente desarrollado tienen dificultad para expresar afecto a los demás y, como son muy críticos y quisquillosos, es posible que se encuentren con que los demás son igual de reacios a demostrarles su cariño.

un individuo taciturno, un solitario introvertido y misántropo, con fuerte tendencia a la paranoia, al mal humor y a la depresión.

Cuando es pequeño y plano

Debilidad constitucional general, a menudo sensación de irresponsabilidad y necesidad de evasión de la realidad.

Predisposición a problemas de salud

Los saturnianos tienden a tener escasa vitalidad. Sus dientes pueden ser una fuente de problemas y, aunque muchos tienen talento musical, se caracterizan por tener problemas de oído. Tienen propensión a trastornos biliares, afecciones nerviosas, dolencias reumáticas en particular, problemas de hígado, venas varicosas y hemorroides.

Monte de Apolo

Características físicas

Los apolíneos típicos son de estatura media, pero de cuerpo ágil y agraciado, con una figura que puede describirse como atlética. Por regla general, son gente sana, debido sin duda a su inefable actitud feliz y positiva ante la vida.

Perfil psicológico

Se trata de personas positivas y felices, con un talante vital y optimista. Suelen mostrar equilibrio emocional.

Cuando es proporcionado

Indica una predisposición alegre.

Cuando está muy desarrollado

Predomina la extravagancia, el exhibicionismo y la vanidad.

Cuando es pequeño y plano

Estas personas, sombrías y emocionalmente reprimidas, presentan especial dificultad de comunicación con los demás. La timidez y la introversión a menudo les hacen mantener una actitud retraída en la vida. Los asuntos del corazón son uno de sus puntos débiles.

Predisposición a problemas de salud

La actitud jovialmente positiva de la personalidad apolínea parece mantener a raya muchas dolencias. No obstante, son personas propensas a enfermedades febriles, problemas de la vista y enfermedades cardiovasculares.

Monte de Mercurio

Características físicas

Las personas con un monte de
Mercurio dominante tienen
invariablemente un rasgo de
Peter Pan, que les hace parece más jóvenes de lo que en
realidad son. De estatura mediana o pequeña, pero bien
proporcionadas, sus características más destacables son
sus gestos rápidos, nerviosos, como de ave; su animado
rostro y sus ojos siempre alerta no parecen perderse
nada. En general, los mercurianos gozan de bastante
buena salud.

Perfil psicológico

El monte de Mercurio representa la capacidad de
comunicación con los demás.

Cuando es proporcionado

Un monte de Mercurio bien desarrollado y mullido
sugiere un carácter cálido, receptivo y socialmente
equilibrado, propio de alguien que se interesa por los
demás y por los asuntos del mundo y a quien le resulta
fácil integrarse y comunicarse.

Notas de salud

Debido a su deseo urgente y constante de sentir
entusiasmo y excitación, las personas con un monte de
Mercurio muy grande pueden caer en el consumo
de estimulantes, como las drogas y el alcohol.

Cuando está demasiado desarrollado

Un monte de Mercurio desproporcionadamente grande
suele ser propio de personas que viven la vida a ritmo
frenético y que tienden al agotamiento nervioso.

Cuando es pequeño y plano

Sugiere en tal caso apatía, falta general de interés por los
demás e incapacidad de la persona para expresar su
identidad, verbal, emocional o sexualmente. A veces
presenta defectos del habla, como por ejemplo ceceo.

Predisposición a problema de salud

La tensión nerviosa y el estrés son, con mucha
diferencia, los mayores problemas, junto con los
problemas intestinales o hepáticos causados directamente
por la ansiedad.

Marcas en los montes

En los montes pueden existir determinadas marcas (cruces, cuadrados, triángulos, estrellas y rejillas),
cada una de las cuales influye de un modo positivo o negativo en las cualidades del monte. Por ejemplo:

Una cruz en el monte de
Júpiter representa una relación
satisfactoria a largo plazo.

Un cuadrado en el monte de
Saturno protege frente a la
adversidad.

Un triángulo en el monte de
Apolo simboliza el éxito
gobernado por el buen juicio.

Una estrella en el monte de
Mercurio augura éxito en los
campos económico o científico.

Señales en montes y llanos | 63

Base y parte media de la palma de la mano

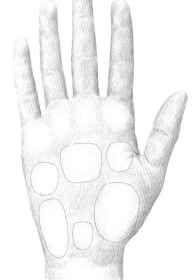

Si la palma de la mano parece más ancha en la parte media o si la franja central parece más desarrollada que las porciones superior y basal, se puede decir que la persona está bien dotada para manejar situaciones física y psicológicamente estresantes. No obstante, una mano demasiado ancha, especialmente si es una mano muy firme, puede sugerir cierta tendencia a la agresividad. Viceversa, si esta franja central de la palma de la mano es estrecha, pequeña y poco desarrollada, pesadamente coronada por los montes que se alzan por encima de ella y notablemente empequeñecida por los montes de la muñeca, es posible que la persona muestre deficiente resistencia al estrés y poco aguante –un ambiente de vida y de trabajo tranquilo y armonioso es esencial para su salud y bienestar. El punto negativo es que, tal vez, la persona carezca en ocasiones de fuerza moral, siendo demasiado impresionable y desviándose de sus objetivos.

Monte de Marte positivo

Características físicas

Los marcianos tienen en general un monte de Marte de mediana altitud y suelen ser personas robustas, de tipo sólido, a menudo con una mente poderosa. Gozan en general de buena salud, tienen una constitución fuerte y mucha motivación.

Perfil psicológico

Poseen coraje, energía y espíritu de lucha, así como sentido de autoconservación y habilidad para hacerse cargo de las situaciones.

Cuando está muy desarrollado

Un desarrollo desproporcionado sugiere en este caso agresividad reprimida. Aunque se encuentre contrarrestado por otros factores, puede indicar una personalidad peligrosa. Es el signo del acosador, de la fuerza por delante de la mente. Las personas que presentan este desarrollo del monte de Marte tienen más energía física de la que saben manejar.

Notas de salud

Las personas con un monte de Marte positivo excesivamente desarrollado deben aprender a liberar su energía en un campo de deporte o en un gimnasio, por ejemplo.

Cuando es pequeño y plano

Las personas con un monte deficitario tienden a carecer de impulso positivo y a desanimarse rápidamente y demuestran incapacidad para asumir el control de su vida. Estas personas se agotan con facilidad y no lidian bien con el estrés.

Predisposición a problemas de salud

Se asocian al área de Marte la fiebre, la actividad intestinal y los trastornos bronquiales. Y, dado el temperamento acalorado de la persona con un monte de Marte dominante, los problemas cardíacos son su punto débil.

Monte de Marte negativo

Características físicas

Las personas con un monte de Marte negativo dominante son de estatura similar a las que tienen los otros dos tipos de monte de Marte, fuertes y enérgicas.

Perfil psicológico

Este monte sugiere autocontrol, resistencia moral, aguante y capacidad de afrontamiento bajo presión.

Cuando es proporcionado

Sugiere notable perseverancia y fortaleza moral. Cuando el monte se encuentra en equilibrio armonioso con el resto de la mano, denota buen fondo moral y también integridad.

Cuando está muy desarrollado

Un monte desproporcionadamente grande es propio, en este caso, de una persona que se mantiene firme en sus creencias y que no se deja convencer una vez que tienen algo en la cabeza, incluso cuando se les presentan evidencias muy convincentes de lo contrario: un individuo realmente terco.

Cuando es pequeño y plano

Denota marcada falta de resistencia y fortaleza moral.

Predisposición a problemas de salud

Indicaciones y predisposición similares a las dos categorías anteriores (estado febril y trastornos intestinales, bronquiales y cardíacos).

Llano de Marte

Características físicas

Como las demás áreas de Marte, corresponde a un individuo de buena constitución, fuerte y enérgico.

Perfil psicológico

Individuo despierto, con autocontrol sobre sus pasiones y emociones.

Cuando es proporcionado

Denota buena capacidad de autocontrol, especialmente sobre las emociones, la agresividad y la reacciones ante la vida en general.

Cuando está muy desarrollado

Sugiere que se trata de alguien que se enfada rápidamente, a veces con rabia. También puede indicar ebriedad habitual y lascivia.

Cuando es pequeño y plano

Escasamente almohadillado, de manera que la parte central de la palma se muestra pequeña y hundida,

¿Grueso o delgado?

Para distinguir un llano de Marte delgado de uno bien almohadillado, se debe sostener la palma de la mano entre el pulgar y los demás dedos. Si se perciben los tendones en el centro (por el lado de la palma) como cordones tensos, el área es delgada. Si no se notan, puede considerarse que el área está bien mullida.

sugiere tendencia a reaccionar en exceso, especialmente si está cubierto por finas líneas. La falta de desarrollo pone de manifiesto un carácter débil, propio de alguien con poco carisma y que no posee el fondo necesario para alcanzar el éxito en la vida.

Predisposición a problemas de salud

Sugiere los mismos trastornos que otras estructuras de Marte (estado febril, problemas digestivos, intestinales, bronquiales y cardíacos).

Monte de Venus

Características físicas

Dado que esta área cubre la arteria radial en su entrada hacia la palma de la mano desde la muñeca, así como los músculos que controlan el movimiento del pulgar, el grado de almohadillado de este monte y su calidad proporcionan información sobre la resistencia y la vitalidad de la persona, tanto desde el punto de vista físico como psicológico. Este monte también desvela el cariño instintivo y la sexualidad de la persona. Los individuos de tipo venusiano se caracterizan por su actitud feliz, amable y optimista ante la vida.

Perfil psicológico

Si el monte está bien desarrollado y es firme, aunque mullido al tacto, cabe esperar un alto grado de sensualidad, un carácter cordial y una personalidad magnética. Si el monte es duro, se trata de un tipo fuerte capaz con todo. Por el contrario, si es blando, denota naturaleza receptiva, mientras que una consistencia flácida es propia de alguien perezoso y egocéntrico.

Cuando es proporcionado

Alegría de vivir, amor, extroversión y exuberancia son los rasgos de la persona con esta característica. Desde el punto de vista físico, estas personas tienden a ser enérgicas y fuertes, con capacidad para sacudirse de encima los problema de salud, ya sean físicos o mentales. Una buena libido acompaña a este tipo de monte.

Cuando está muy desarrollado

Un monte excesiva o desproporcionadamente grande delata a una persona de temperamento airado y agresivo. Cuando este monte está desarrollado en exceso, prevalecen los instintos animales básicos, con un gran deseo de gratificación personal y sexual, junto con necesidad de sobreestimulación de los sentidos.

Cuando es pequeño y plano

Se corresponde con un individuo egocéntrico y de mentalidad estrecha. Existe marcada ausencia de energía y vitalidad, siendo una posible causa un metabolismo poco activo. Pueden presentarse problemas emocionales,

acompañados de escaso impulso sexual. Los problemas pueden ser físicos, psicológicos o de ambos tipos.

Predisposición a problemas de salud

Aparte de la predisposición a enfermedades de transmisión sexual entre los individuos más promiscuos de esta tipología, los venusianos no presentan asociada ninguna tendencia especial a su característico monte de Venus. No obstante, es justo decir que cuanto más lleno y bien desarrollado está el monte, mayores son la vitalidad y la resistencia a la enfermedad. Si el área se muestra indebidamente pálida, o con un color rojo rabioso, cabe sospechar un desequilibrio de los procesos metabólicos.

Monte de la Luna

Características físicas

Los individuos con un monte de la Luna dominante no son constitucionalmente muy fuertes y son propensos a los problemas de salud.

Perfil psicológico

El monte de la Luna representa tu sensibilidad e intuición. No obstante, la ensoñadora y romántica influencia de la Luna puede, en ocasiones, desembocar en sensiblería y cambios de humor. Se asocian a esta área la imaginación, la creatividad y la capacidad artística. En ocasiones, cuando este monte presenta un exceso de desarrollo, la imaginación discurre libremente, dando lugar a humor voluble, depresión e intensa ansiedad. La inquietud, junto con la inestabilidad mental y física, consecuencia fundamentalmente de expectativas no realistas y de vivir con la cabeza en las nubes, también hallan representación en este monte.

Cuando es proporcionado

Es signo de una mentalidad sensible, imaginativa y creativa.

Cuando está muy desarrollado

Puede desvelar una naturaleza superimpresionable, una persona del estilo de Walter Mitty, que se cree sus propias ideas delirantes. Los trastornos renales, vesicales y reumáticos en particular se asocian a un monte de la Luna excesivamente desarrollado, del mismo modo que la neurosis, la demencia y otros problemas mentales.

Luna y salud mental

La palabra «lunático» deriva del latín *luna*, pues se consideraba que el efecto del satélite de la Tierra podía llevar a la persona a perder la cordura. Resulta interesante que un monte de la Luna excesivamente pronunciado en la parte inferior de la mano se asocie efectivamente a una personalidad con predisposición a la inestabilidad mental.

Cuando es pequeño y plano

Cuando está escasamente desarrollado, o incluso no existe, es un signo de auténtico hipocondríaco.

Predisposición a problemas de salud

Las personas con monte de la Luna dominante son propensas a una amplia serie de problemas, entre ellos melancolía, cambios de humor, ansiedad, agitación y todo tipo de trastornos psicológicos, especialmente si el monte se halla cubierto por numerosas y finas líneas. Las dolencias reumáticas, los problema de intestino delgado y grueso y los urológicos y ginecológicos se asocian todos ellos a este tipo. De modo que denotan a menudo alcoholismo (sobre todo si el área se muestra muy enrojecida) o drogadicción (con montes muy blancos). Las personas con esta tipología de mano son especialmente propensos al consumo de alcohol y drogas, que les permiten evadirse de la dura realidad de la vida.

Monte de Neptuno

El monte de Neptuno conecta el lado físico de la palma, representado por el monte de Venus, con el lado subconsciente, simbolizado por el monte de la Luna, y actúa como puente por el que pasa la información procesada entre ambas estructuras.

En términos de salud, se sabe muy poco sobre esta área, aunque las investigaciones continúan.

No obstante, evidencias tempranas sugieren que un monte bien desarrollado en esta posición –y especialmente si está marcado por el trirradio basal– puede ser un signo de los sanadores que curan a través de los sentidos, de aquellos que se dedican a terapias que requieren técnicas con aplicación de manos (como, por ejemplo, quiroprácticos o reflexólogos).

Marcas en el monte

Como ya se anticipó en la página 62, en los montes pueden encontrarse ciertas marcas que influyen en las cualidades del monte en cuestión (de forma positiva o negativa). He aquí algunos ejemplos para los montes (y llanos) presentes en la franja media y en la base de la palma.

Un triángulo en Marte positivo representa la capacidad de la persona para hacer un buen uso de su fuerza y valentía.

Una cruz en el monte de Marte negativo es un signo desfavorable e indica influencias antagónicas.

Una cruz en el llano de Marte simboliza interés por técnicas complementarias de salud y por temas esotéricos.

Una rejilla en el monte de Venus indica emociones extremadamente intensas.

Una estrella en el monte de la Luna es admonitoria e indica peligro potencial durante un viaje.

Señales en las líneas principales

La línea de la vida

Cada línea principal cubre un aspecto diferente del bienestar, de modo que lo mejor será comenzar por la línea de la vida, fuente de vitalidad. Pero recuerda: aunque esta línea (como las demás líneas principales de la mano) encierra ciertas pistas sobre el estado de salud del individuo, las marcas representan solo una predisposición, no algo inevitable.

Indicios psicológicos

Una línea de la vida muy separada de la línea de la cabeza sugiere una naturaleza temeraria e impulsiva y cierta tendencia a lesiones y accidentes. Pero una línea de la vida que discurre unida a la línea de la cabeza durante un trecho denota sensibilidad y reserva, quizá una timidez o falta de confianza en uno mismo que puede impedir el desarrollo emocional e intelectual, a veces incluso minando las posibilidades de la persona de llevar una vida realmente independiente. En cuanto a una línea de la vida que comienza en el monte de Marte, cerca de la base del pulgar, y se curva después hacia arriba para volver a rodear la bola del pulgar, cabe esperar fuerte obstinación y arrebatos.

Indicios físicos

La intensidad de la línea se corresponde con la fortaleza de constitución de la persona. Así, una línea débil, poco formada, interrumpida por islas y fracturas, sugiere escasa vitalidad, constitución débil y propensión a los problemas de salud. Una línea que no es uniforme en todo su recorrido −a veces fuerte y profunda, a veces fina y débil− denota una salud irregular. Se trata de un aviso de que debes mejorar tu ritmo de vida, porque vivir demasiado intensamente durante tus periodos «fuertes» te está llevando a momentos de debilidad.

El tramo de la línea en torno a la bola del pulgar también es muy revelador. Un trazado amplio, donde la línea se curva hacia el centro de la palma, significa que rodea un monte de Venus amplio. Dado que este monte es un almacén de energía, un trazado de la línea de la vida de este tipo indica buena resistencia y excelente capacidad de recuperación. De forma inversa, si la línea sigue la raíz del pulgar muy de cerca,

| ——— Vida | ——— Cabeza |

Línea de la vida muy separada de la línea de la cabeza

significa que el monte de Venus es delgado, lo cual equivale a una mala salud general. Este último aspecto sugiere también cierta limitación del impulso sexual, quizá problemas de fertilidad y, en casos extremos, posible frigidez o impotencia.

Longitud

Mayor atención requiere la longitud de la línea de la vida, pues una línea corta se ha relacionado tradicionalmente y de manera equivocada con una vida también corta. La longitud de la línea de la vida no se corresponde con la longitud de la vida de la persona, pues de hecho hay muchos ancianos con una línea de la vida corta, y viceversa. (véase también el recuadro en la página opuesta).

Larga o corta

Muy pocas líneas de la vida son realmente cortas porque, si se examinan muy de cerca, la mayoría de las líneas aparentemente cortas están en realidad conectadas por una fina línea a otro tramo de línea de la vida, ya sea hacia el centro de la palma ya sea solapándose a otro tramo en dirección al pulgar. Desde el punto de vista psicológico, una línea de la vida quebrada denota algún cambio; desde el punto de vista físico, podría denotar un grave problema de salud. Pero recuerda que las líneas cambian. Algunos bebés tienen una línea de la vida corta que, sin embargo, crece al madurar el niño, tornándose a menudo mas fuerte y perdiendo, además, cualquier marca negativa que pudiera tener.

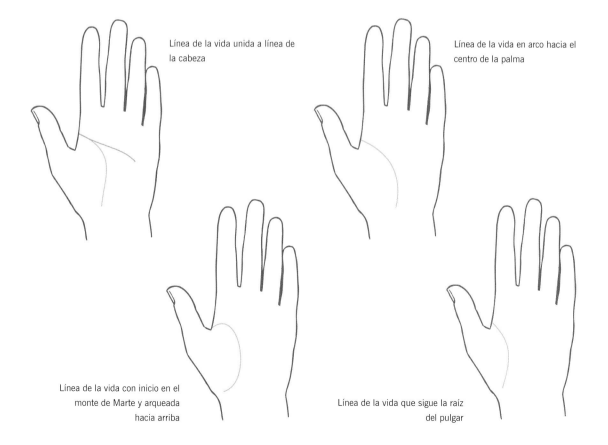

Línea de la vida unida a línea de la cabeza

Línea de la vida en arco hacia el centro de la palma

Línea de la vida con inicio en el monte de Marte y arqueada hacia arriba

Línea de la vida que sigue la raíz del pulgar

Marcas en la línea de la vida

Cualquier marca existente en la línea de la vida relativa a la salud puede medirse en el tiempo (v. págs. 88–89) con bastante exactitud, de manera que, si se detecta temprano, es posible tomar medidas preventivas. En las páginas 74–75 pueden consultarse datos generales sobre las diferentes marcas.

un debilitamiento de la constitución del individuo. Una serie de islas, también llamada cadena, representa un socavamiento continuado de la salud general de la persona. Un fino trazado de eslabones que interrumpen la línea a medio camino puede deberse a una deficiencia de cinc.

Islas

Presentes con frecuencia en la línea de la vida, las islas en esta localización revelan un desdoblamiento de energía y, en consecuencia,

Interrupciones

Las interrupciones en la línea de la vida han de ser detenidamente analizadas. Si se identifican temprano y se toman las medidas apropiadas, la línea puede autorreconstruirse antes de que se presente cualquier peligro real para la salud.

Existe una gran diferencia entre encontrar una línea quebrada en la mano dominante y

———— Vida		———— Cabeza	

Isla en el tramo superior

A menudo la línea de la vida discurre en su inicio unida a la de la cabeza: al entrecruzarse ambas quizá den lugar a una serie de islas de «efecto cadena». Este primer tramo de la línea de la vida representa nuestros primeros años, de modo que la cadena puede indicar problemas en la infancia (como enfermedad o infelicidad en la escuela). Estos acontecimientos pueden repercutir en otros puntos de la mano o afectar a nuestra vida como adultos. Pueden aparecer problemas respiratorios (asma y sinusitis).

Isla hacia la mitad del recorrido

Si aparece más abajo en la línea, la isla se asocia a problemas de espalda.

Isla hacia abajo

Puede representar un estado de «deterioro» general, que a menudo conduce a enfermedades comunes de la mediana edad. Tal vez represente problemas ginecológicos o urológicos, o bien enfermedades que afectan al tubo digestivo o al sistema cardiovascular, u otros problemas ligados a este grupo de edad.

Isla en la base

Existe la hipótesis de que una pequeña isla, bien formada y ovalada en la base de la palma de la mano puede indicar predisposición al cáncer. Pero esta teoría necesita más estudios. Hay que recordar que una isla refleja una constitución débil, que una posición muy adelantada en la línea corresponde a una edad avanzada y que la prevalencia del cáncer es mayor en las personas de edad avanzada, dicho lo cual se entiende por qué se establece tal relación.

hacerlo en la pasiva. En la mano pasiva una interrupción denota la posibilidad de un problema importante; en la mano dominante, incrementa considerablemente el riesgo de un problema de salud o de un accidente grave. Cuando ambas manos presentan la misma línea interrumpida, las probabilidades se inclinan hacia un problema de salud –deben tomarse medidas preventivas tan pronto como sea posible.

Líneas horizontales atravesadas

Las líneas que cortan horizontalmente la línea de la vida se conocen como líneas de traumas y denotan un momento de estrés o de turbulencia emocional. Cuanto más acusada, profunda y larga sea la línea, mayores serán los efectos. Si las líneas que cruzan la línea de la vida son cortas y superficiales, sugieren que la interferencia es temporal y, si no existen marcas adversas a continuación en la línea principal, no existirán efectos negativos a largo plazo. Una serie de finas líneas muy juntas no deben confundirse con líneas de trauma, pues más que ser indicativas de episodios traumáticos aislados, estas líneas denotan una disposición muy nerviosa en general.

Línea solapada

La línea de la vida puede encontrarse solapada por otro tramo de línea, a menudo con una fina línea de conexión entre ambas. Las líneas solapadas no son tan graves como las claras interrupciones de línea, pero en cualquier caso revelan una ruptura en la continuidad y un cambio importante en la vida de la persona. Otras marcas de la mano arrojan luz sobre si el cambio es psicológico o físico.

Lo importante en estos casos es observar el estado y la localización del nuevo tramo de línea. Si es fuerte y está bien formado, es probable que la persona se adapte bien a sus nuevas circunstancias y puede incluso que encuentre que su nueva vida es mejor que la anterior. Pero si la línea sigue su curso con islas o cualquier otro tipo de marca negativa, podría ser un signo de que la nueva vida de la persona no estará exenta de dificultades y que estas podrían tener algún efecto perjudicial sobre su salud.

¿Horizontes nuevos o limitados?

En lo referente a la localización, si el nuevo tramo se desarrolla hacia el centro de la palma, denota una vida más activa y expansiva. Si por el contrario el nuevo tramo discurre por el lado del pulgar, la nueva vida supondrá limitaciones. Si los demás indicios de la mano apuntan a que la fractura de la línea de la vida es de tipo psicológico, la limitación podría consistir en algo así como restricciones económicas. Si todo parece

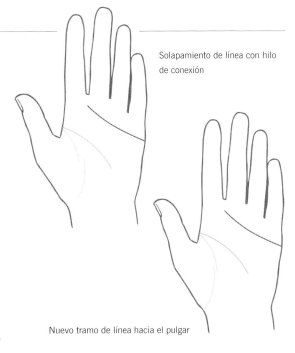

Solapamiento de línea con hilo de conexión

Nuevo tramo de línea hacia el pulgar

_____ Vida	_____ Corazón
_____ Cabeza	

sugerir un revés físico, como un accidente grave, el nuevo tramo podría indicar una limitación de la actividad física, desarrollándose quizá agorafobia o problemas en la funcionalidad de una extremidad.

Cualquier consecuencia de un trastorno puede hallar reflejo en marcas en las otras líneas de la mano y también en el estado de la línea de la vida inmediatamente después del punto de cruce de la línea del trauma. Una isla en la línea, por ejemplo, sugiere que es posible que el episodio desestabilice la salud del individuo durante un tiempo, mientras que una estrella denota un shock de algún tipo. Las líneas de trauma pueden medirse en cuanto a magnitud y tiempo en relación con la línea de la vida, según el punto en el que la cruzan. Constituyen aviso suficiente para que la persona pueda evitar la situación.

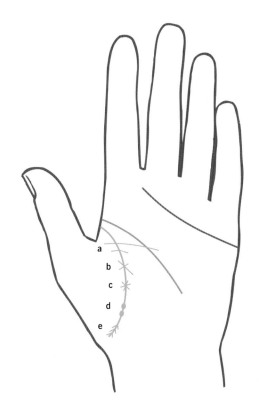

▶ **Nuevo tramo**
En ocasiones, una imagen que parece ser un corte o una interrupción podría corresponder simplemente al desarrollo de un nuevo tramo de la línea, con recorrido hacia el centro de la palma. En este caso, la marca sugiere el inicio de una línea de la vida totalmente nueva y una ampliación de horizontes.

◀ **Interrupción real**
Un corte real se produce cuando se observa un espacio libre en la línea y es posible que sea un aviso de lesión o enfermedad potencialmente mortal.

a Línea de trauma horizontales
Estas líneas atravesadas pueden cortar también las líneas del destino, de la cabeza y del corazón, subrayando su significado. A menudo es posible conseguir que las líneas de trauma que denotan un período intenso de tensión desaparezcan, si se adopta una visión más relajada de la vida, se revisa la dieta y se toman otras medidas de esta índole.

b/c La cruz
Algunos analistas de la mano ven en esta marca, junto con la formación de su hermana la estrella, un aviso de enfermedad inminente que requerirá hospitalización, posiblemente incluso cirugía.

d Puntos
Son un signo de traumatismo. Si el punto es marcadamente rojo o azul, podría subrayar la posibilidad de problemas circulatorios a la edad indicada en la línea (esta coloración es aplicable a las uñas, la piel y las líneas de la mano).

e Flecos
No confundir estas líneas deshilachadas (que denotan pérdida de energía) con ramas más fuertes que se separan (que indican movimiento y viaje).

———— Vida	———— Corazón
———— Cabeza	

Marcas protectoras

Cuando en la línea de la vida aparece una marca negativa, siempre hay que examinar la línea cuidadosamente en busca de factores mitigadores. Uno de ellos es la existencia de una estructura cuadrada, compuesta por cuatro diminutas líneas y dispuesta directamente sobre una interrupción de la línea. Es un signo de protección y significa que, a pesar de la gravedad de la situación, la persona se recuperará totalmente.

Otra marca protectora es la línea de Marte. Es una línea de longitud variable que se localiza por dentro de la línea de la vida, hacia el pulgar, y discurre paralela a ella. Mientras dura, representa un impulso de vitalidad, de manera que si aparece junto a una fractura en la línea de la vida, o junto a cualquier otra marca negativa, anima una constitución debilitada. Es como un paracaídas de reserva, solo por si acaso.

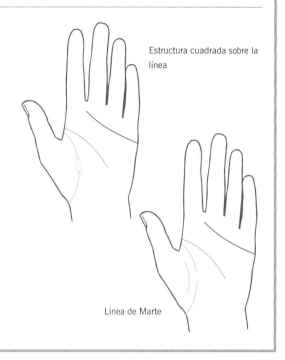

Estructura cuadrada sobre la línea

Línea de Marte

Cruz

Se dice que dos barras cortas que forman una cruz sobre la línea principal de la vida denotan un momento de peligro físico, en el que las reservas de energía se encuentran peligrosamente bajas.

Flecos

Una línea de la vida deshilachada sugiere pérdida de energía y disminución de la resistencia a las enfermedades.

Puntos y muescas

Se dice que una pequeña muesca o un punto representa una agresión temporal para el organismo. Una enfermedad que responde rápidamente al tratamiento puede verse reflejada de este modo, pero una serie de muescas de este tipo, como en hilera, podría sugerir sobrecarga de los nervios de la espalda y de la columna.

Notas de salud

Un grupo de líneas con forma de diamante o de triángulo pegado a la línea de la vida sugiere propensión a problemas ginecológicos en la mujer (desde ciclos menstruales irregulares hasta posible histerectomía) y a problemas urogenitales en el hombre (es decir, tendencia a las hernias –congénitas o adquiridas– o a enfermedades que afectan a los testículos o al sistema urológico). Es necesario poner énfasis en la propensión, pues muchas personas con estas marcas no presentan tales complicaciones. Si los problemas llegan a desarrollarse, también se observarán otras marcas, como estrellas o islas, en los correspondientes lugares en las líneas de la vida y de la cabeza.

Marcas en las líneas

Cualquier defecto en una línea delata una obstrucción de energía en esa línea. Evidentemente, la naturaleza de la obstrucción depende de lo que represente esa línea en concreto. El análisis del momento correspondiente al punto de la línea en el que aparece el defecto indica el inicio y la duración del episodio que simboliza la marca.

Isla

Una isla en una línea denota una disminución de los niveles de energía. Mientras dura la isla, la vitalidad y la resistencia se mantienen bajas. Calculando el momento y midiendo la línea y la longitud de la isla, es posible estimar cuándo es probable que se produzca una disminución de las resistencias y cuánto puede durar tal situación. Dependiendo de su localización, una isla puede referirse a áreas específicas e incluso denotar un estado temporal, que durará solo el tiempo equivalente a la duración en el espacio de dicha isla, o bien una predisposición general a una enfermedad concreta.

Cadena

Esta serie de islas indica escasa vitalidad. Si aparece en las líneas principales, una cadena puede ser una señal de deficiencia de minerales.

Interrupción

Cualquier interrupción en una línea denota un cambio. La fuerza y la dirección del tramo de línea después del corte revela la naturaleza del cambio. Si bien una interrupción suele interpretarse como un cambio en las circunstancias personales o psicológicas de la persona, ciertos cortes en la línea de la vida o en la línea del corazón pueden indicar graves problemas de salud.

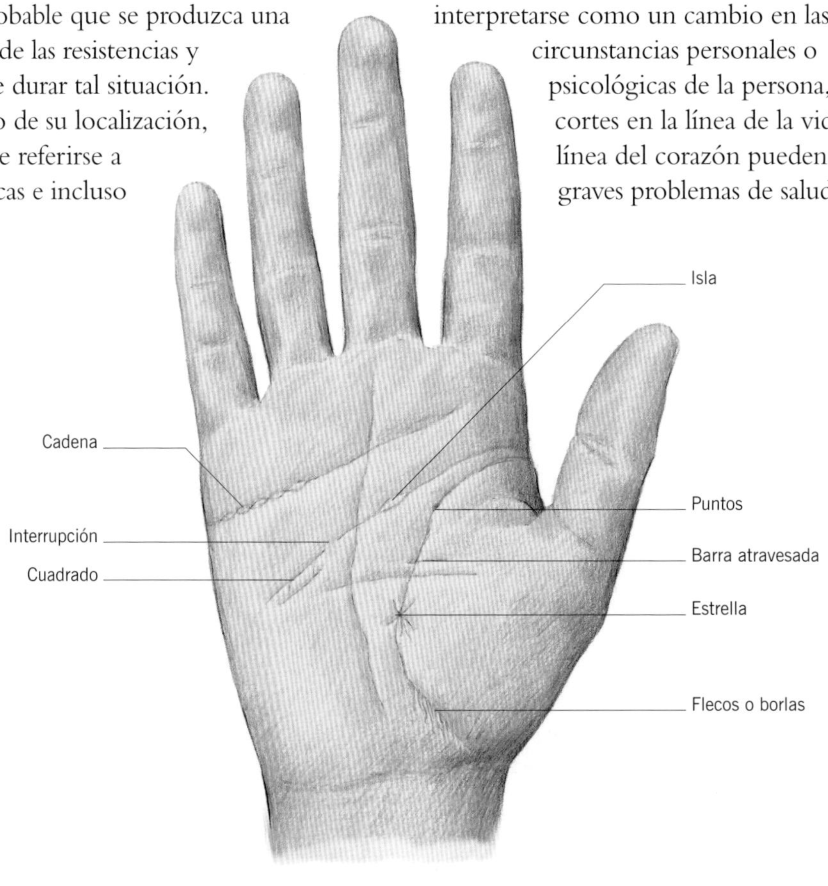

Cadena

Interrupción

Cuadrado

Isla

Puntos

Barra atravesada

Estrella

Flecos o borlas

Barra atravesada

Suele actuar como una presa en un río, deteniendo el flujo de energía. Cuanto más larga, fuerte y gruesa es la barra atravesada, mayor es la obstrucción. Esta marca suele indicar un contratiempo temporal y el análisis del estado de la línea al otro lado de la barra atravesada determina si la obstrucción supone un daño a largo plazo. Si, inmediatamente después de la barra, la línea principal reemprende su recorrido con la misma fuerza que antes, entonces la recuperación será bastante rápida; si se muestra débil, es posible que el contratiempo tenga mayores consecuencias.

Estrella

Un pequeño grupo de líneas con forma de estrella –diminutas barras cruzadas sobre una línea en el mismo punto– sugiere una agresión sistémica. No obstante, las estrellas que aparecen en los montes, independientemente de las líneas, suelen ser marcas positivas, relacionadas con el carácter y la disposición de la persona, más que con la salud.

Cuadrado

Cuatro pequeñas líneas formando un cuadrado, directamente sobre una línea o adyacente a ella, representan a menudo un signo de protección.

Notas de salud

Los destellos –líneas finas que arrancan del centro de la palma hacia los dedos anular y meñique– denotan propensión a problemas gástricos e intestinales. Una mala alimentación o un estado de ansiedad son con frecuencia las causas subyacentes.

Por ejemplo, un cuadrado sobre un corte en una línea puede mitigar los efectos adversos de esa interrupción. No obstante, en función de la duración de la marca, un cuadrado puede también indicar un aumento estresante de la carga de trabajo o bien simbolizar, si tiene forma de caja, algún tipo de restricción.

Puntos

Manchas, puntos o pequeñas muescas denotan un período de estrés mental. El modo en que afectará a la salud general de la persona depende del lugar en el que aparezcan las marcas.

Flecos o borlas

Esta imagen «deshilachada» que aparece hacia el final de una línea principal denota pérdida de vitalidad. Es una advertencia para no excederse: consolida tus fuerzas hasta recuperar el nivel de energía.

Compara y distingue

Cuando se analizan las marcas en las líneas principales de la mano, siempre hay que considerar todas las demás líneas y marcas de la palma, especialmente para comparar esas otras líneas en el mismo punto temporal. En segundo lugar, se debe revisar el aspecto de la línea inmediatamente después de la marca. Si se muestra fuerte y clara, es poco probable que haya efectos negativos duraderos. Si, por el contrario, las demás líneas principales presentan indicios similares y la línea que estás estudiando se muestra deficiente después de la marca, deberán tomarse medidas preventivas, como puede ser mejorar la dieta o la actitud. ¡Y podrás encontrarte incluso con que las marcas negativas desaparecen!

Cambio en una línea tras los efectos representados por una marca

La línea de la cabeza

Nuestra mente tiene un poderoso efecto sobre nuestra salud. Una actitud positiva ayuda a nuestro organismo a curarse por sí solo; la mente puede también desencadenar la liberación de sustancias químicas que causan reacciones orgánicas. Estos procesos mentales vitales quedan registrados en minúsculos detalles en nuestra línea de la cabeza, que además proporciona información sobre nuestra salud mental y sobre el estado de la cabeza o del cerebro, incluidas las enfermedades genéticas hereditarias.

Indicios psicológicos

El inicio ideal de la línea de la cabeza es en un punto de contacto con la línea de la vida, o al menos muy cerca de ella. Ello denota una disposición equilibrada. Una línea de la cabeza que comienza por dentro de la línea de la vida es propia de una persona insegura y dependiente, tímida, sensible, ansiosa y retraída. Estos rasgos también son aplicables a una línea de la cabeza que discurre unida a la línea de la vida durante un largo tramo, sin separarse hasta aproximadamente la altura del dedo corazón. Se trata de personas que se desarrollan tarde en la vida. Un inicio muy separado de la línea de la vida sugiere un alto grado de independencia, sentido de la aventura, incluso algo de imprudente temeridad (personas expuestas a un riesgo más alto de accidentes), especialmente en la juventud.

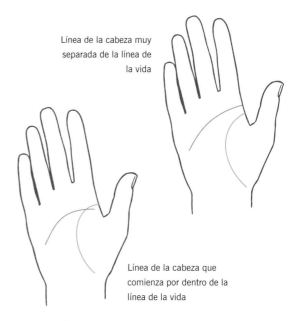

Línea de la cabeza muy separada de la línea de la vida

Línea de la cabeza que comienza por dentro de la línea de la vida

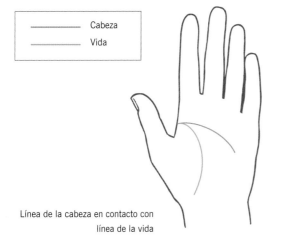

——————— Cabeza

——————— Vida

Línea de la cabeza en contacto con línea de la vida

Indicios físicos

La línea de la cabeza también refleja el estado físico real de cabeza, cráneo, cerebro, cuello y la parte superior del torso. Las lesiones físicas y enfermedades en estas áreas (fiebre, cefaleas, demencia, parálisis, accidentes cerebrovasculares, etc.) se reflejan como marcas en esta línea y se tratarán en otro capítulo.

Longitud

La longitud de la línea de la cabeza no es un reflejo de la inteligencia de la persona. La textura de la línea –en relación con el tipo de mano en cuestión– y la dirección en la que atraviesa la palma son los factores más relevantes que determinan el CI.

Qué dice tu línea de la cabeza acerca de ti

Limpia y bien marcada

Es la línea de la cabeza ideal, que además no debe ser ni demasiado profunda ni demasiado superficial y preferiblemente sin defectos ni marcas negativas. Una línea así corresponde a una persona tranquila, que es capaz de tomarse con calma las exigencias de la vida moderna.

Una línea ancha y superficial

A estas personas no se les da muy bien canalizar su energía de manera constructiva. La indecisión y la falta de concentración son características en ellas.

Una línea fina y desdibujada

Como si fuera un cable fino que se rompe fácilmente, las personas con una línea de la cabeza de este tipo saltan con facilidad. Este tipo de personas no deben someterse a excesiva presión, porque sucumben con facilidad.

Como ocurre con las demás líneas principales, la textura de la línea de la cabeza debe ser compatible con el tipo de mano en cuestión, ya que una discordancia originaría tensiones que podrían conducir a enfermedades relacionadas con el estrés. Así, en una mano de tierra cabe esperar una línea fuerte y casi recta, mientras que una línea limpia y nítida con una suave curvatura se asocia a las categorías de mano de aire y de fuego y una línea de la cabeza más fina y curvada es propia de una mano de agua.

Líneas rectas y curvas

Una línea que discurre en horizontal atravesando la palma denota una mentalidad positiva, lógica, analítica y en ocasiones tenaz. Una línea corta y recta se asocia a gente práctica, materialista y, de alguna manera decidida, quizá algo estrecha de miras y reacia a cambiar, o incluso obsesiva. Cuanto más larga es la línea, más flexible mentalmente es el individuo (y también más abierto, en muchos casos, a maneras complementarias de tratar su salud).

Una línea suavemente curvada refleja una mentalidad creativa y versátil, de alguien abierto a nuevas experiencias e ideas. Pero si la línea se curva de manera abrupta, puede que la imaginación vague salvaje, construyendo un mundo de fantasía, un mundo irreal. Salvo que tales rasgos se vean contrarrestados de algún otro modo, las alteraciones del estado de ánimo y las enfermedades mentales son características de estas personas.

La hipersensibilidad que conduce a susceptibilidad, pesimismo, decepción, neurosis y depresión se asocia a una línea de la cabeza larga e inclinada. Denota tendencia a la adicción y la dependencia, por lo que esta línea muestra una mentalidad proclive a la sugestión.

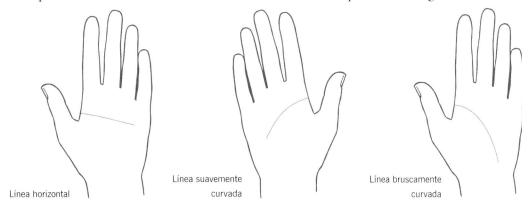

Línea horizontal

Línea suavemente curvada

Línea bruscamente curvada

Marcas en la línea de la cabeza

Islas

Denotan vulnerabilidad a problemas psicológicos o un periodo prolongado de ansiedad. Una isla en una línea divide el flujo de energía, de manera que, mientras dura una isla en la línea de la cabeza, las facultades mentales de la persona no están funcionando a toda máquina. Cuesta tomar decisiones, y se presentan confusión y falta de concentración.

Es posible localizar una isla en el tiempo y determinar así con bastante precisión cuándo es probable que la energía mental decaiga, ayudándote a evitar un empeoramiento. La comparación con las demás líneas principales pondrá de manifiesto la naturaleza del problema. Si las marcas negativas hayan confirmación en tu línea del destino, por ejemplo, quizá estén relacionadas con insatisfacción en el trabajo.

Pueden aparecer islas en casos en los que la línea de la cabeza comienza pegada a la línea de la vida. Como ocurre con la línea de la vida, denotan propensión a los trastornos bronquiales y respiratorios o ponen de manifiesto problemas psicológicos en la infancia.

Es frecuente identificar una isla a mitad de camino en la línea de la cabeza, directamente debajo del dedo corazón, lo cual indica que la persona en cuestión tiene dificultad para trabajar bajo presión. Debe aprender a serenarse en ambientes estresantes, o su salud se resentirá. Si existe una isla hacia el final de la línea de la cabeza, puede representar esa clase de enfermedades mentales que a menudo aparecen a edades avanzadas —desde falta de memoria y ansiedad hasta demencia senil.

Una cadena de islas en la línea de la cabeza advierte acerca de los peligros de someter a sobreesfuerzo las reservas mentales, ya que estas son bajas mientras dura la cadena, haciendo que la persona sea más vulnerable a problemas de salud. Es posible que un desequilibrio de minerales sea el factor subyacente, en cuyo caso podría analizarse la dieta, pues tal vez el organismo esté sufriendo un desequilibrio sodio/potasio.

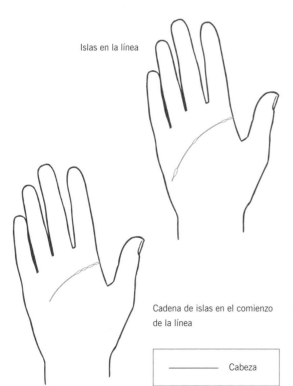

Islas en la línea

Cadena de islas en el comienzo de la línea

———— Cabeza

Notas de salud

Cuando existe una isla en la línea de la cabeza de la mano pasiva pero no en la mano dominante, es probable que la fuente de ansiedad sea un problema emocional. Es característico cierto sutil malestar, que no causa trauma ni una gran alteración, pero sí un trasfondo de quejas. El principal peligro en este caso reside en reprimir los sentimientos de la persona, con todos los trastornos psicológicos que eso conlleva.

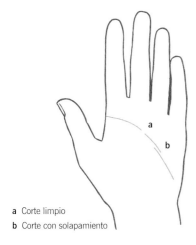

a Corte limpio
b Corte con solapamiento

Notas de salud

Las marcas de protección que pueden aparecer sobre un espacio vacío en la línea son un cuadrado (que representa la esperanza de una buena recuperación) y una línea hermana, un pequeño tramo de línea que se extiende a un lado del espacio vacío (y que representa un refuerzo de energía).

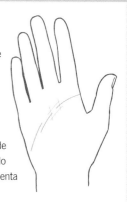

Interrupciones

Una interrupción limpia en la línea, sin extremos solapados, puede representar una lesión física en la propia cabeza. La confirmación a este indicio debe encontrarse en la línea de la vida en el momento correspondiente y la estructura de la línea directamente después de la marca revelará la manera en la que el individuo responde a la situación. Cuando los extremos se solapan, es menos probable que la marca se refiera a un episodio físico; es posible que se trate de un cambio importante en la actitud de la persona.

Cruz

Una cruz en la línea tiene el mismo significado que la estrella, pero solo cuando es muy marcada y se encuentra profundamente grabada en la palma. La cruz, sin embargo, está constituida por líneas

Línea crespa

Una línea ancha, de aspecto algodonoso o encrespado denota mente divagadora e incapacidad para tomar decisiones claras y firmes. Tal vez simplemente estén pasando demasiadas cosas en la vida del individuo en el periodo marcado de este modo en la línea.

Bastante a menudo, este encrespamiento aparece solo en un corto tramo de línea. Es frecuente ver este rasgo, por ejemplo, en la parte de la línea que representa los años que pasa una mujer criando a sus hijos. Aquí, el encrespamiento refleja el efecto agotador de una familia de ritmo frenético. O puede verse más adelante en su mano –en la menopausia, por ejemplo– cuando el organismo se encuentra en estado de fluctuación y cambio. Durante el tiempo en el que aparece este encrespamiento en la línea de la cabeza, la falta de memoria y el cansancio son un riesgo para la salud, las energías se agotan y la constitución de la persona se lleva la peor parte, con una mayor vulnerabilidad frente a las enfermedades.

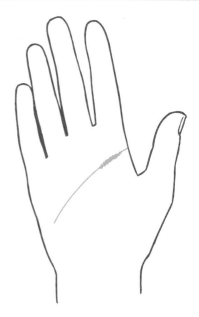

libres, independientes, y no por líneas principales, como por ejemplo la línea del destino, cuyo curso natural cruza por encima de la línea de la cabeza.

Barras atravesadas

Las barras que cortan la línea de la cabeza sugieren obstáculos y contratiempos. Es probable que afecten al bienestar psicológico más que a la salud física.

Estrella

Una estrella es una formación que implica agresión al sistema. En la línea de la cabeza puede sugerir posibilidad de accidente cerebrovascular. Sea lo que fuere, debe hallar confirmación en la existencia de marcas en cualquier otro punto. Como siempre, el tramo de la línea directamente después de la estrella subraya la probabilidad de que la persona resulte física y mentalmente afectada.

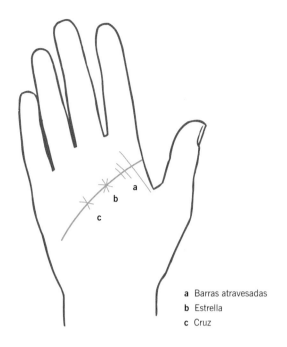

a Barras atravesadas
b Estrella
c Cruz

Hoyos y zigzags

Un hoyo en la línea de la cabeza sugiere un momento de depresión. Tal situación es mucho más probable si una pequeña línea sale del punto más hondo y se dispara hacia abajo. El inicio y la duración probables de la depresión pueden medirse y situarse en el tiempo utilizando una unidad de medida del tiempo, lo cual supone un aviso que permite afrontar con suficiente antelación la situación, antes de notar cualquier efecto negativo para la salud.

A veces la línea de la cabeza forma un zigzag visible en su recorrido por la palma. Esta disposición refleja una mentalidad vacilante, con periodos constructivos cuando la línea sube y tranquilos cuando baja. Es posible medir estos altibajos y localizarlos en el tiempo aplicando una unidad de medida del tiempo. Si, en el tramo descendente, la línea presenta además pequeños hoyos, la persona en cuestión tiene tendencia a caer en rachas de depresión.

_____ Cabeza

Líneas simiesca y de Sydney

Estas dos líneas son formas excepcionales de la línea de la cabeza y tienen especial relevancia en el ámbito de la salud mental de la persona.

Línea simiesca
Se observa cuando las líneas del corazón y de la cabeza se funden para formar un surco firme que cruza horizontalmente el centro de la mano. Presente en pocas personas, se asocia habitualmente al síndrome de Down y a otros estados causados por anomalías cromosómicas que conducen a discapacidades físicas y mentales. En estos casos, puede estar acompañada de dedos muy cortos y puntiagudos, pulgares pequeños y patrones de crestas cutáneas desplazados.

En una mano normal, esta línea denota una personalidad intensa, ambiciosa e inquieta, propia de un individuo que lo ve todo en blanco y negro y al que le cuesta desconectar. Estas personas tienen estándares extremadamente altos, se tratan a sí mismas –y también a los demás– con dureza y son muy exigentes y celosas si sienten que su pareja no es leal o no demuestra su lealtad en grado suficiente. Estas personas experimentan a menudo un conflicto entre sus emociones y sus impulsos intelectuales, lo cual conduce en ocasiones a cierto grado de comportamiento compulsivo.

Indicios físicos
Cabe sospechar un defecto cardíaco cuando la línea simiesca aparece acompañada de una serie completa de arcos en las yemas de los dedos y de un patrón desplazado de trirradio axial (v. pág. 57). De hecho, un solo trirradio más alto en la palma de la mano, en el área gobernada por la línea de la cabeza, es suficiente para llamar la atención sobre posibles problemas cardíacos, exista o no una línea simiesca.

Línea de Sydney
La línea de Sydney es una línea de la cabeza que se extiende a través de la palma de un lado a otro, pero que es independiente de la línea del corazón. Puede ser reflejo de cierta tendencia a problemas de comportamiento, como conducta agresiva, trastornos emocionales, dificultades de aprendizaje e hiperactividad.

Puntos y muescas
Las muescas en forma de cabeza de alfiler denotan propensión a los dolores de cabeza, especialmente migrañas y problemas sinusales, o pueden simplemente avisar de que llevas estos trastornos en los genes. Estos puntos aparecen a menudo en grupos, que señalan un momento especialmente malo para este tipo de ataques. Un solo punto revela un ataque agudo, como puede ser una fiebre peligrosamente alta que afecta temporalmente a la persona.

Flecos
Un efecto borla hacia el final de la línea de la cabeza sugiere deterioro mental causado por

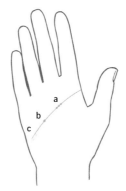

a Muescas
b Punto
c Flecos

pérdida de función cerebral. Pérdida de memoria, demencia senil y enfermedad de Alzheimer pueden reflejarse de este modo en la palma de la mano.

La línea del corazón

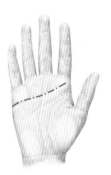

Esta línea nos cuenta la historia de nuestras emociones y nos ayuda también a conocer la salud de nuestro sistema cardiovascular. La presencia de marcas en ella puede apuntar a enfermedades genéticas, al mismo tiempo que ofrece pistas sobre potenciales desarrollos, tanto negativos como positivos, que tendrán diferentes efectos sobre el corazón y la circulación sanguínea.

Indicios psicológicos

Los aspectos a tener en cuenta son, en este caso, si la línea es curva o recta, así como su longitud y su punto final.

Una línea del corazón recta es propia de alguien que es frío y poco expresivo, con mucho control de sus emociones, mientras que una línea curvada denota que se trata de una persona cálida, expresiva, a la que no le asusta abrir su corazón a los demás.

En cuestiones románticas, las personas con una línea del corazón recta son emocionalmente pasivas, mientras que las personas con una línea curvada se dice que son sexis y activas. Una línea recta será probablemente de una persona muy racional en la elección de su pareja, que sopesará detenidamente los pros y los contras antes de comprometerse. Dentro de la relación, pretenderá probablemente una fuerte comprensión mental y ello será más importante que el aspecto sexual. Si tienes una línea del corazón curvada, el amor emocional y sexual será esencial para ti, tendrás que sentir un impulso físico para poder comprometerte.

Una posición alta o baja en la palma de la mano revela la respuesta instintiva de la persona en materia de relaciones. Cuanto más próxima a los dedos esté la línea, más centrada en sí misma será la naturaleza de la persona; cuanto más baja sea su ubicación en la palma, más cálida, generosa y preocupada por los demás será la persona.

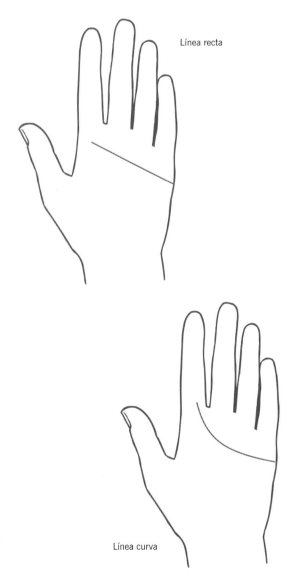

Línea recta

Línea curva

Cómo suele terminar la línea

Salvo que otras marcas de la mano modifiquen su significado, no existe en este caso un auténtico sentimiento de cariño o de amor (salvo por uno ismo), ni deseo de compartir con nadie.

Una línea que termina bajo el dedo corazón se considera corta y se observa en aquellas personas que buscan satisfacción sexual personal –el sexo es más importante que el amor, una noche es preferible a una relación duradera. Estas personas aborrecen el «estar atadas» a alguien.

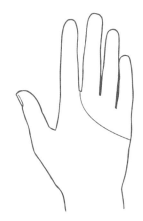

Si tienes este tipo de línea del corazón, te costará expresar verbalmente tus sentimientos más íntimos a la gente que amas. Para ti, lo que se hace es más importante que lo que se dice.

Una línea que termina en el pliegue entre los dedos índice y corazón debe trazar necesariamente una curva, de manera que entra en la categoría de amantes activos. No obstante, las personas con esta línea, a pesar de su disposición a amar, dar y expresar, demuestran su cariño mediante acciones, más que a través de la verbalización de sus sentimientos.

Si presentas una línea del corazón de este tipo eres perfeccionista, te exiges mucho a ti mismo y esperas que los demás lo hagan también todo bien.

Si la línea llega hasta arriba y toca la base del índice, te impones estándares de excelencia extremadamente altos y tienes expectativas incluso más altas en todas las relaciones. Salvo modificación por otros rasgos de la mano, los celos posesivos representan uno de tus defectos.

Las personas con este tipo de línea se sienten a menudo decepcionadas en el amor y las relaciones simplemente porque sus ideales son inalcanzables.

Un final de la línea del corazón bajo el dedo índice, justo en el centro del monte de Júpiter, corresponde al eterno romántico que lo ve todo de color rosa. Su enfoque del amor y de las relaciones es idealista y sus expectativas son irreales.

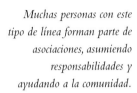

Muchas personas con este tipo de línea forman parte de asociaciones, asumiendo responsabilidades y ayudando a la comunidad.

Las personas con una línea del corazón que cruza la palma, extendiéndose por debajo del dedo índice hasta casi tocar el borde opuesto, muestran tendencia a cuidar de los demás. Algunos anteponen su labor a sus propias necesidades emocionales.

Una señal de equilibrio en temas de amor.

Las terminaciones ramificadas, en las que la línea se divide en dos o incluso en tres ramas, muestran una actitud equilibrada ante las emociones y las relaciones.

Esta línea es propia de personas que resultan fácilmente heridas cuando las cosas no van bien.

Una línea del corazón que se desvía hacia abajo y cae sobre la línea de la cabeza es característica de una naturaleza muy sensible, con el tema de las relaciones.

Indicios físicos

Formaciones insólitas y deformidades importantes en la línea del corazón se asocian a trastornos genéticos y se observan a menudo en personas con graves discapacidades físicas. Los defectos reales del sistema cardíaco o una predisposición a las cardiopatías se ven reflejados así, o por marcas negativas en la línea, por debajo de los dedos anular y meñique. No obstante, como ya se ha mencionado, tales formaciones deben ir acompañadas de otras que respalden el dato.

Longitud

La longitud de la línea no guarda ninguna relación con la longevidad, y la estimación de la edad y la localización temporal de los episodios sobre esta línea son poco fiables. Marcas como islas y barras atravesadas sobre la línea no pueden relacionarse en el tiempo, pero sí trasladarse a otras líneas principales. Y bastante a menudo una barra o una fina línea conecta una marca en la línea del corazón con otra marca en otra de las líneas principales, lo cual permite valorar el probable inicio del problema estimando tiempos en la segunda línea.

Detección de enfermedades del corazón

La clase de marcas que pueden indicar predisposición a padecer problemas cardiovasculares o cardiopatías están bien documentadas, si bien varían entre la mano derecha y la izquierda y de una persona a otra. No obstante, en general, cabe esperar encontrar una coloración azulada de la piel, especialmente en la base de las uñas. También pueden observarse extremos de los dedos bulbosos, posiblemente con uñas muy curvadas hacia abajo. Las uñas con forma de abanico son un signo frecuente de tendencia a los problemas circulatorios, del mismo modo que lo son huellas digitales insólitas o patrones de crestas de la piel desplazados, como por ejemplo un trirradio axial en situación muy alta (v. pág. 57). Las líneas del corazón con graves malformaciones pueden llevar a sospechar un daño debido a defectos genéticos o congénitos.

Marcas en la línea del corazón

Islas

Aparecen de forma natural en la línea del corazón de la mayoría de las manos, en su entrada en la palma desde el borde de percusión de la mano. Pero si existe una sola isla grande en la línea, por debajo del dedo meñique o del anular, y sobre todo si se aprecia azulada o rojiza, puede revelar predisposición a las cardiopatías. Una sola isla presente en el tramo de línea situado bajo el dedo corazón se ha asociado a problemas de oído. Desde el punto de vista psicológico, la formación de islas o de cadenas

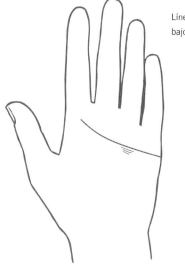

Líneas en escalera
bajo el dedo anular

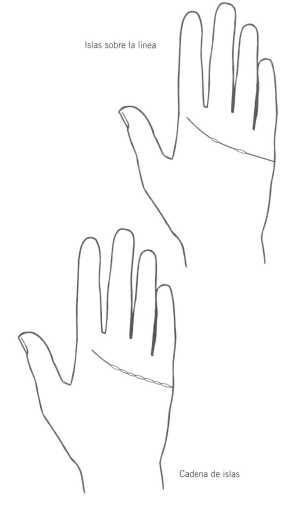

Islas sobre la línea

Cadena de islas

(grupos de islas) en la línea del corazón sugiere tensión nerviosa o emocional. Desde el punto de vista físico, las cadenas que ocupan la mayor parte de la longitud de la línea se asocian a trastornos cardíacos y circulatorios, como irregularidades del ritmo cardíaco (que conducen a síntomas como las palpitaciones). De forma similar a lo que ocurre en la línea de la cabeza, la formación de cadenas pueden indicar en este caso un desequilibrio de sodio y potasio.

Líneas en escalera

A veces se observan una serie de diminutas líneas dispuestas como si fueran travesaños de escalera que, a la altura del dedo anular, bajan desde la línea del corazón. Esta formación se asocia a deficiencia de fluoruro de calcio o a desequilibrio de los niveles de calcio/magnesio. El insomnio, patrones alterados del sueño, ansiedad y nerviosismo pueden ser sintomáticos de este tipo de deficiencia.

Interrupciones

Un corte en la línea del corazón requiere un
cuidadoso análisis, porque aquí esta marca puede
tener connotaciones graves. Cuando parece como
si la línea se quebrara a la altura del dedo anular
—y si existen rasgos que respaldan el hallazgo,
como piel irregular, patrones cutáneos irregulares
y coloración azulada de las uñas y/o de las yemas
de los dedos— puede que existan problemas
cardiovasculares, tendencia a coronariopatía o
incluso peligro de ataque cardíaco. Si alguna vez
te parece detectar este rasgo, sería conveniente
(sin llegar al alarmismo) sugerir a la persona en
cuestión que se someta a una revisión médica
completa.

Barras

Cualquier barra que corta la línea es una señal
de trastorno temporal y también de contratiempo
emocional.

Notas de salud

En ocasiones, el área del borde de la palma de la mano
por debajo de la línea del corazón aparece densamente
atravesada por finas líneas. Este rasgo implica
predisposición a las afecciones reumáticas. Hay quien
cree que este aspecto se debe a la acumulación de
ácido úrico, que interviene en la presentación de gota
o enfermedades reumáticas.

Estrella

Una estrella no es nunca un buen signo y, si aparece
en la línea del corazón, puede indicar, bien un
gran revés emocional, bien la posibilidad de
un ataque cardíaco. Por supuesto, estos datos han
de verse respaldados por la observación de marcas
en las demás líneas principales.

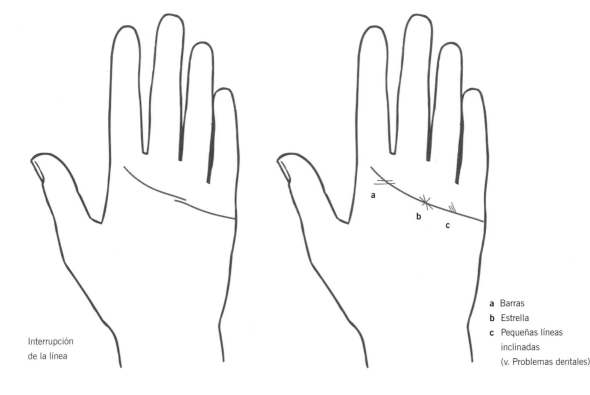

Interrupción
de la línea

a Barras
b Estrella
c Pequeñas líneas
inclinadas
(v. Problemas dentales)

Problemas dentales

La enfermedad de las encías, las caries dentales y los problemas ortodónticos en general aparecen en ocasiones representados por un grupo de pequeñas líneas oblicuas justo por encima de la línea del corazón y a la altura del dedo meñique. La misma serie de líneas puede de igual modo reflejar problemas de estómago, intestino e hígado. Ello se debe a que las enfermedades periodontales tienen en ocasiones su causa en una disfunción gástrica o hepática. Por otro lado, los trastornos del hígado también pueden dar lugar a dentición deficiente. Hay que tener cuidado y no confundir estas líneas con los estigmas médicos (v. págs. 35 y 100).

Notas de salud

En ocasiones se desarrollan pequeños nódulos duros en la línea del corazón o cerca de ella, por debajo del dedo anular, bien antes de un ataque cardíaco o inmediatamente después. Estos nódulos son bastante visibles, pues tienden a alterar el curso de la línea del corazón y se perciben al tacto como un tejido cicatricial abultado. No deben confundirse con callosidades, presentes también a menudo en esta área de la palma de la mano, ni con los tendones o huesos de los nudillos que se localizan en profundidad en la raíz del dedo anular.

Ramas de la línea

Una rama que sale de la línea del corazón y cae hacia la línea de la cabeza puede interpretarse como un signo de una naturaleza sensible. (La línea del corazón que languidece hasta terminar en la línea de la cabeza tiene el mismo significado). No obstante, si la rama sale y toca, no el inicio de la línea de la cabeza, sino algún punto a lo largo de su recorrido, podría estar aludiendo a un revés emocional importante. El episodio en cuestión puede localizarse temporalmente en la línea de la cabeza, donde probablemente existirán otras marcas ratificadoras.

Dos ramas paralelas que salen con fuerza de la línea del corazón a la altura de los dedos meñique y anular y que se extienden hacia abajo en dirección al monte de la Luna denotan predisposición a accidentes cerebrovasculares y parálisis.

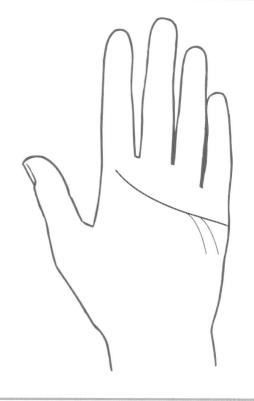

Una cuestión de tiempo

La posibilidad de situar en el tiempo acontecimientos futuros con cierta precisión tiene evidentemente importantes ventajas para la salud, al permitir a los analistas de las manos asesorar a las personas y que estas puedan tomar las correspondientes medidas preventivas.

No obstante, la localización en el tiempo de diversos episodios en las líneas de la mano puede resultar complicado, ya que existen manos de infinidad de tamaños y formas. No es posible aplicar la misma escala a todas las personas y es necesario adaptarla a cada mano en particular —algo difícil hasta que se tiene cierta experiencia. Afortunadamente, existe un sistema a prueba de fallos que recomiendan todos los expertos. Busca una marca evidente

Medición del tiempo en las diferentes líneas

Usa las líneas de la vida, de la cabeza y del destino para medir el tiempo, pues las líneas del corazón y las líneas secundarias no son fiables.

Cronología de los acontecimientos sobre la línea de la vida

Traza una línea vertical hacia abajo desde el borde interno del dedo índice hasta la línea de la vida. Este punto corresponde aproximadamente a los 20 años de edad. Un año de vida equivale sobre la línea a cerca de 1 milímetro (tal vez

un milímetro generoso en una mano grande y algo menos de un milímetro en una mano pequeña). Comenzando por la marca de los 20 años, cada milímetro aproximado hacia el borde de la mano nos lleva atrás en el tiempo y cada milímetro hacia la muñeca suma un año más.

Cronología de los acontecimientos sobre la línea de la cabeza

De nuevo se traza una línea vertical desde el borde interno del dedo índice

Línea de la vida

Línea de la cabeza

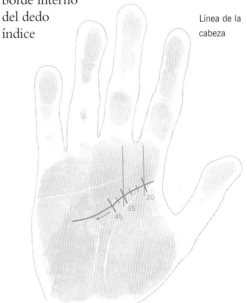

que sea reflejo de un episodio importante del pasado del sujeto, ubícalo en el tiempo utilizando una escala de medición del tiempo (v. instrucciones más abajo) y después sencillamente pregunta a la persona para confirmar el dato. Si te has equivocado en uno o dos años, ajusta la escala para que coincida y revísala aplicándola de nuevo

a alguna otra marca importante presente en la palma de la mano.

Aunque es posible medir las líneas y realizar rápidos cálculos mentales cuando tienes la mano abierta ante ti, quizá sea más recomendable tomar una huella limpia y trabajar a partir de ella (v. Toma de huellas palmares, págs. 10-11).

hacia abajo hasta la línea de la cabeza, punto que corresponde a los 20 años. Se aplica en este caso la misma regla de «un milímetro equivale a un año», de manera que según se avanza hacia el pulgar se retrocede a la adolescencia y la infancia y al recorrer la palma en sentido opuesto se avanza hacia adelante a partir de los 20 años. Puede realizarse una revisión adicional trazando una línea vertical desde el centro del dedo corazón hasta la línea de la cabeza: el punto de encuentro correspondería aproximadamente a los 35 años.

Línea del destino

Cronología de los acontecimientos sobre la línea del destino

La línea del destino se aborda de manera diferente, principalmente porque tiene muy diversos puntos de origen. Por ello, el mejor método consiste en medir la palma de la mano, parámetro que al menos es constante, y después trasladar esa medida a la línea.

Mide la palma de la mano trazando una línea vertical desde la «pulsera» más alta de la muñeca hasta la base del dedo corazón. Marca un punto a mitad de camino en esta línea vertical: este punto equivale a los 35 años. Una vez más, aplica la regla de «un milímetro equivale a un año» como escala. El margen del que se dispone es escaso porque, entre 0 y 35, un milímetro generoso equivale a un año y, a partir de ese punto, cada año está representado por algo menos de un milímetro. Traza líneas horizontales que crucen la línea vertical para trasladar los puntos a la línea del destino.

———— Vida	———— Destino
———— Cabeza	

La línea del destino

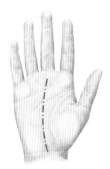

Desde un punto de vista analítico, la línea del destino registra y refleja nuestro modo de vida, nuestros movimientos y nuestros cambios principales en la vida, la actitud en el trabajo, la sociabilidad, las influencias que alteran nuestra vida, la necesidad que tenemos de seguridad y, dado que también se la conoce como línea de Saturno, la manera en la que realmente afrontamos las responsabilidades.

Indicios psicológicos

La línea del destino representa el grado de control que tenemos sobre lo que nos sucede, nuestro entorno inmediato y nuestro destino. El control personal es esencial para el bienestar psicológico. Sin él perdemos la motivación, nos encerramos con ansiedad en nosotros mismos y básicamente nos rendimos.

La línea del destino registra el grado de control que cada uno siente que ejerce. Y es a partir del punto de la palma de la mano en el que aparece la línea del destino cuando sentimos que empezamos a llevar las riendas con firmeza. Cuanto más marcada se muestra la línea, más control sentimos que tenemos. No obstante, la calidad de la línea debe corresponderse con el tipo de mano en la que se encuentra, pues, de lo contrario, pueden surgir conflictos de personalidad.

Indicios físicos

Aunque se considera que la línea del destino no refleja directamente problemas físicos, una línea muy marcada se comporta como una poliza de seguros para la línea de la vida, atendiendo sus puntos débiles.

Otra manera de considerar la línea del destino consiste en mirarla como una columna o viga maestra que sujeta una estructura. Como columna, una línea del destino intensa y bien marcada refleja que la persona en cuestión es capaz de soportar el peso, en otras palabras, de asumir responsabilidades. Cuanto más débil es la línea, menos responsable será probablemente la persona.

Notas de salud

La ausencia, muy poco habitual, de línea del destino no significa necesariamente que las personas sin este rasgo vayan a tener una vida aburrida y carente de interés. Podrán tener tanto éxito como cualquier persona, siempre y cuando las demás líneas principales de sus manos estén bien formadas y sean fuertes. Pero carecer de esta línea puede significar que la persona en cuestión aborda la vida de un modo no convencional, impredecible, sin prestar mucha atención a reglas, compromisos o normas de seguridad, y puede denotar irresponsabilidad, incluso falta de honestidad. Las personas que carecen de línea del destino y cuyas manos muestran otros rasgos negativos optan a veces por vivir al margen de la ley. De la escasa investigación llevada a cabo en este campo se desprenden datos vagamente indicadores de que un buen porcentaje de delincuentes, inadaptados sociales y personas con tendencias psicópatas carecen de línea del destino.

Longitud

En teoría, esta línea debería extenderse recta hacia arriba, desde la base de la palma hasta la base de los dedos, sin interrupciones ni defectos. La línea del destino puede tener cualquier longitud y, en ocasiones, pasa desapercibida. Esta línea puede medirse y es posible situar sobre ella acontecimientos en el tiempo con cierta precisión, si bien su longitud no se corresponde con la longevidad del individuo.

Líneas fuertes y líneas débiles

Estas personas tienen gran determinación y mucha ambición, sienten que pueden ejercer influencia y crear sus propias oportunidades y generalmente tienen el control de su vida.

Una línea del destino fuerte

Suele observarse en las manos de personas con un buen concepto de sí mismas, que tienen un grado saludable de autoestima y conocen su valía y su lugar en la vida. Indomables, con mucha fuerza de voluntad, tienen la capacidad de alcanzar cualquier objetivo que se propongan y pueden afrontar cualquier debilidad en las demás líneas principales. Este tipo de línea representa un excelente sistema de apoyo ante cualquier problema mental, emocional o físico que pueda surgir.

Con una baja autoestima, las personas con este tipo de mano tienden a ser emocionalmente inmaduras, dependientes y sumisas, más proclives a dejar que las cosas sucedan, en lugar de tomar la iniciativa.

Una línea muy fragmentada y distorsionada se considera también una línea débil.

Una línea del destino débil o borrosa

Suele observarse en las manos de personas con un buen concepto de sí mismas, que tienen un grado saludable de autoestima y conocen su valía y su lugar en la vida. Indomables, con mucha fuerza de voluntad, tienen la capacidad de alcanzar cualquier objetivo que se propongan y pueden afrontar cualquier debilidad en las demás líneas principales. Este tipo de línea representa un excelente sistema de apoyo ante cualquier problema mental, emocional o físico que pueda surgir.

Una línea del destino fragmentada

Esta imagen implica mucha indecisión, es señal de «parar y volver a empezar». En algunas manos la línea del destino comienza de este modo fragmentado porque es el reflejo de un periodo en el que el individuo está tratando de encontrar su camino en la vida. Si la línea va luego fortaleciéndose en su recorrido, ello sugiere que la persona realmente ha encontrado un propósito.

Si una línea fuerte se quiebra en fragmentos en algún punto de su recorrido, es probable que algún acontecimiento haya llevado a la persona a descarrilar en su camino. Habrá que revisar las demás líneas en busca de marcas negativas que confirmen esa observación, como episodios traumáticos o de depresión.

Si, a continuación, la línea se reconstituye, es una señal de que la persona recupera el equilibrio. Es posible situar temporalmente el comienzo, la duración y el final de tales episodios (v. Cronología de los acontecimientos sobre la línea del destino, pág. 89).

Inicio y final

Los puntos inicio y terminación de la línea del destino ofrecen in formación importante.

▲ Inicio unido a la línea de la vida

Es un signo clásico de responsabilidades familiares tempranas. La línea nace unida a la línea de la vida, de manera que estas personas están atadas a su familia desde muy temprana edad. Quizá cuidaron de un progenitor enfermo o tuvieron que dejar la escuela pronto para trabajar y ayudar a la familia. Denota cierto sentido de condicionamiento y dependencia que puede durar hasta la vida adulta.

▲ Inicio en el centro de la palma de la mano, en la muñeca, y recorrido recto hacia arriba hasta Saturno

Es propia de una persona sólida y responsable, con valores tradicionales y una mentalidad algo fatalista. A estas personas les gusta planificarlo todo en la vida y prefieren quizá una vida «segura», sin muchos riesgos.

▲ Final bajo el dedo corazón

Es el final más frecuente. La línea del destino se conoce también como línea de Saturno, por su terminación habitual, ya que el dedo corazón se conoce también como dedo de Saturno y el área por debajo del mismo, donde suele ir a parar la línea del destino, es el monte de Saturno.

▲ Final en el monte de Júpiter

Este final sugiere una vida y una carrera que han transcurrido entre la gente, especialmente en el ámbito social del cuidado de los demás o en el trato directo con el público, alcanzando cierta consideración –médico o representante local, por ejemplo.

▲ Curva para terminar en el monte de Apolo

Refleja cierta tendencia hacia una modo de vida más creativo, que permite a la persona alcanzar la plenitud y la paz mental.

▲ Final en la línea de la cabeza

Tradicionalmente se ha atribuido esta terminación a personas que dan un paso en falso que corta bruscamente su trayectoria. En realidad, puede simplemente sugerir que un camino en la vida conduce a otro, especialmente si la línea del Sol o de Apolo sigue adelante y toma el testigo. En lo referente a la salud, este último caso podría ser un signo positivo, porque la línea de Apolo es un reflejo del grado de satisfacción y plenitud, de modo que los nuevos cambios supondrían una mayor felicidad.

▲ Final en la línea del corazón

En este caso, la explicación tradicional es también que un importante revés emocional determina la trayectoria de la persona. Pero si existen marcas similares a las arriba descritas, lo que en un principio podría parecer un resultado negativo puede convertirse en un punto a favor del bienestar de la persona.

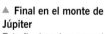

▲ Inicio más alto en la palma de la mano

Sugiere que la persona no alcanzará una sensación real de estabilidad y de propósito en la vida y tampoco el éxito hasta más adelante en su vida.

▲ Inicio en el monte de la Luna

Denota una personalidad sociable y es propia de alguien que se preocupa por los demás, que se siente feliz rodeado de gente y que disfruta de la vida siendo el centro de atención.

Marcas en la línea del destino

Dado que esta línea representa nuestra forma de vida en todos sus aspectos, cualquier marca que aparezca en ella es extremadamente importante. Además, la línea del destino actúa como apoyo de las demás líneas, en particular de la línea de la vida, de manera que sus marcas arrojan luz sobre la información recabada de otras líneas principales. Y, por último, es posible medir cronológicamente esta línea con un grado bastante alto de precisión, lo cual significa que puede dar una idea bastante precisa del inicio y de la duración de episodios, estados mentales o cualquier aspecto que pueda influir en la vida diaria de la persona.

Islas
Las islas suelen denotar un periodo de insatisfacción y frustración en el trabajo o en la vida en general, o quizá un periodo de dificultades económicas o limitaciones de otra índole. Cualquiera que sea el problema que estas marcas estén señalando, aparecerá también indicado en las otras líneas principales y, en algunos casos, conectado con ellas por una fina línea, como dirigiendo la atención hacia la fuente del problema. Una formación en cadena convierte la línea en un trazado débil y también reduce ese rasgo de refuerzo en relación con las demás líneas.

Interrupciones
Cualquier interrupción en esta línea refleja un cambio, bien en el trabajo bien en las circunstancias familiares. Si es un corte limpio, el cambio ha sido forzoso. Si los dos extremos se solapan, el cambio se produce provocado por la persona. Por ejemplo, un despido puede verse representado de la primera forma descrita, mientras que buscar empleo y conseguir un nuevo trabajo podrían verse reflejados de la segunda circunstancia. Para establecer los efectos que pueden tener tales cambios es esencial estudiar el estado de la línea después de la interrupción y compararla con las otras líneas para el mismo periodo de tiempo.

    Una interrupción en la línea del destino puede no tener el mismo impacto en distintos

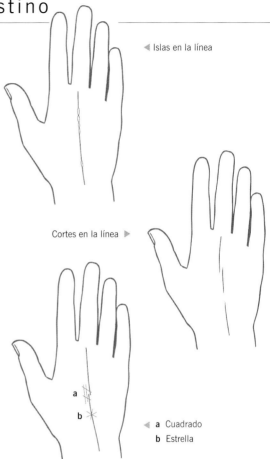

◄ Islas en la línea

Cortes en la línea ►

a
b

◄ a Cuadrado
   b Estrella

tipos de personas. En personas con manos de tierra o de fuego los efectos de un corte pueden ser más perturbadores que en personas con manos de aire o de agua, que son más tolerantes ante el cambio y la diversidad.

Estrella
Este signo de advertencia denota un momento de crisis nerviosa, un acontecimiento repentino o quizá una mala noticia inesperada.

Cuadrado
Esta imagen alerta a la persona sobre un periodo de trabajo duro, con mayores responsabilidades que afrontar. Contemplada de manera positiva, esta fase laboriosa es un momento de consolidación, en el que se sentarán las bases para el futuro.

El color de las líneas

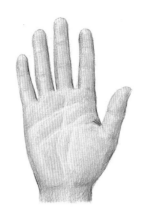

▲ Cuando las líneas mayores o las menores se muestran muy rojas (y no por haber corrido o por un aumento de actividad), nos hallamos ante un signo de temperamento fogoso y estado febril o de problemas cardiovasculares.

▲ Unas líneas amarillentas en las manos de una persona de raza blanca puede indicar problemas de hígado, y en concreto ictericia.

▲ Unas líneas que se muestran pálidas o que se ponen blancas cuando se estiran los dedos hacia atrás y se estira la piel de la palma de la mano pueden indicar una deficiencia de hierro. Muchas mujeres observan que sus líneas tienden a perder color durante la menstruación y hasta unos días después de esta, como consecuencia directa de la pérdida de hierro. Un aumento de la ingesta de hierro no siempre es suficiente, por sí solo, para restablecer el equilibrio. Cuando las líneas blancas persisten, puede ser que exista deficiencia de magnesio y de vitamina B_6. Las vitaminas que pertenecen al grupo del complejo B y las vitaminas C y E resultan de ayuda en muchos casos, mientras que el ácido fólico contribuye a la absorción y a la asimilación del hierro.

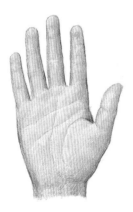

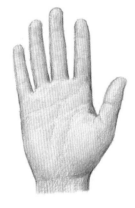

▲ En términos generales, unas líneas de la mano pálidas ponen de manifiesto que la vitalidad y los recursos físicos se encuentran en niveles bajos. Reposo y una dieta reforzada que contenga vitaminas y minerales en buen equilibrio deberían ser suficientes para restablecer el color normal de las líneas de la mano.

▲ A veces, en ciertas enfermedades terminales, las líneas pueden desdibujarse. Se ha observado que esto ocurre también en casos de grave deficiencia de cobre. No obstante, esta enfermedad es muy poco frecuente en los países desarrollados.

Se ha encontrado asimismo que las líneas de la mano desaparecen en algunos casos en los que el cerebro ha sufrido daño físico, reapareciendo una vez que el sujeto se restablece. Cabe también destacar que las manos de los cuerpos momificados de personas fallecidas hace miles de años conservan aún las huellas de las líneas principales.

Señales en las líneas menores

La línea de la salud

Una línea de la salud bien definida es como un barómetro calibrado con precisión que permite a la persona reconocer y realizar un seguimiento, con fina precisión, del estado de su salud en cualquier momento. Ya hemos comentado el hecho de que las líneas pueden cambiar, y de hecho cambian. Pues bien, esta línea se halla más sujeta a cambio que ninguna otra. En tiempos de estrés, por ejemplo, la línea de la salud puede tornarse más larga y profunda. En cuestión de días, con el tratamiento adecuado, reposo suficiente e incluso una mínima mejora en el estilo de vida de la persona, el estado de la línea puede cambiar notablemente.

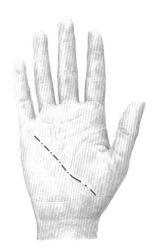

Indicios psicológicos

La línea de la salud es válida sobre todo como indicador de trastornos físicos, aunque cabe decir también que, inevitablemente, refleja el estado mental concreto que acompaña a nuestra salud física en un determinado momento. Por ejemplo, dado que la acidez gástrica, las úlceras, la indigestión y otras enfermedades gástricas generales pueden tener su causa en tensión nerviosa, se puede consultar la línea de la salud para corroborar fatiga nerviosa o problemas relacionados con el estrés y detectados en las líneas principales.

Indicios físicos

La mayor parte de los analistas de la mano están de acuerdo en afirmar que la mejor circunstancia que se puede dar en relación con la línea de la salud es no tenerla. Dado que esta línea muestra el grado de consciencia que tiene la persona respecto de su propia salud, se puede argumentar que no tenerla es quizá mejor que tenerla. Pero si tenemos línea de la salud, mejor que sea una línea fuerte, larga y sin manchas, pues será reflejo de una constitución fuerte y vital y de una buena resistencia a la enfermedad. Una línea nítida, con muy pocos defectos, sugiere asimismo que el metabolismo y el sistema inmunitario se encuentran en excelente estado funcional.

Longitud

La longitud de la línea varía de una mano a otra y, por consiguiente, no se corresponde con la longevidad. Cualquier enfermedad que encuentre reflejo en esta línea tendrá signos correspondientes en otras líneas principales –la línea de la vida en particular– y podrá situarse cronológicamente en una de ellas (v. pág. 88).

Notas de salud

Una línea muy roja puede sugerir que existen toxinas en el organismo y que este trabaja duramente para eliminarlas. (Véase también «El color de las líneas», en la página opuesta).

Marcas en la línea

Aunque los defectos, las marcas, las distorsiones o las interrupciones de la línea de la salud nos dan una clara idea de que nuestro sistema se encuentra sometido a estrés, tales características no son necesariamente específicas de determinados órganos o enfermedades. No obstante, la mayoría de los defectos sugieren una disfunción en los órganos de digestión y eliminación, entre ellos trastornos gástricos e intestinales, disfunción renal y hepática y afecciones respiratorias y ginecológicas. Para mayor precisión, las marcas suelen hallar correspondencia en algún otro punto de la mano, particularmente en las líneas principales.

Recuerda: nunca consideres una marca de forma aislada. El análisis de la mano se desarrolla en múltiples niveles: cada pista ha de ser esclarecida y confirmada en cada estadio, y debe ser corroborada por toda una serie de otras características.

Islas

Las islas son el reflejo de que la constitución de la persona está pasando por un momento bajo, o bien indican la duración de una enfermedad. También señalan cierta predisposición a infecciones y problemas respiratorios. Una línea de islas encadenadas denota debilidad general y una constitución frágil, y es posible que sugiera que el sistema inmunitario de la persona se encuentra sometido a estrés.

Interrupciones

Una línea de la salud rota o muy fragmentada es a menudo un signo de mala salud general —el aspecto específicamente afectado saldrá a la luz en algún otro punto de la mano—. Una línea de la salud cortada puede también indicar problemas de estómago y de hígado, especialmente cuando una línea muy fragmentada forma una pequeña escalera que asciende por la palma.

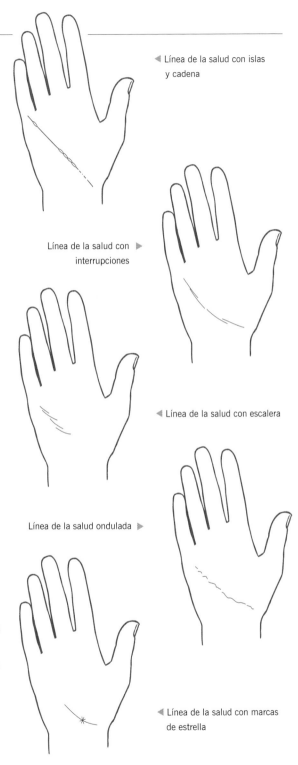

◀ Línea de la salud con islas y cadena

Línea de la salud con ▶ interrupciones

◀ Línea de la salud con escalera

Línea de la salud ondulada ▶

◀ Línea de la salud con marcas de estrella

Curvas y ondas

Una línea de la salud retorcida u ondulada suele asociarse a problemas de estómago, hígado, vesícula biliar o intestino. Los trastornos digestivos son especialmente evidentes si la línea de la salud comienza en el monte de Venus, hacia el interior de la línea de la vida.

Estrella

Esta imagen indica un posible shock, enfermedad aguda o quizá la necesidad de una operación urgente. Si se produce la formación de una estrella en el punto en el que la línea de la salud se cruza con la línea de la cabeza, este detalle podría denotar la posibilidad de accidente cerebrovascular o un problema ginecológico.

Líneas de Venus, de la alergia y de las yemas de los dedos

El cinturón de Venus

Las personas que presentan esta marca suelen ser muy creativas e imaginativas. Sin embargo, pueden dirigir esta imaginación hacia dentro y manifestar obsesiones oscuras, siniestras e insanas y cierta inclinación a la hipocondría, aumentando su predisposición a los trastornos psicosomáticos.

Indicios psicológicos

La línea revela que se trata de una persona muy nerviosa, ansiosa y propensa a caer en la neurosis.

Indicios físicos

La línea se asocia a trastornos psicológicos más que a enfermedades físicas.

Longitud

Lo mejor es que la línea se muestre fragmentada y aún mejor es que no exista. No está en modo alguno asociada a la longevidad.

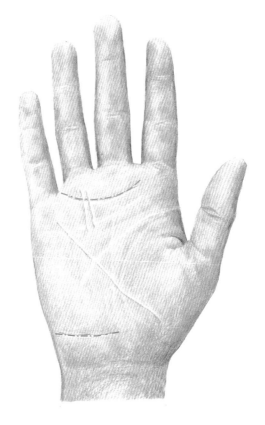

_ . _ . _ . _   Alergias

_ . _ . _ . _   Cinturón de Venus

La línea de la alergia

Indicios psicológicos

Se observa con frecuencia en niños hiperactivos
e individuos drogodependientes.

Indicios físicos

Cuando existe, esta línea denota una
constitución delicada, especialmente sensible a
potenciales alérgenos, como fármacos,
contaminantes atmosféricos y alcohol.
La línea simplemente sugiere que existe una
sensibilidad, no revela el alérgeno específico.
Para identificarlo, la persona debe tomar nota
quizá de su alimentación y de los agentes
químicos con los que está en contacto, así como
de sus reacciones. En casos graves puede resultar
de ayuda un programa de desensibilización o una
dieta de eliminación o desintoxicación, siempre
bajo el atento seguimiento de un médico,
un nutricionista o un profesional de dietética.

Estructura de la línea

- La línea ideal, ya sea principal o menor, debe estar claramente delimitada, no ser ni demasiado gruesa ni demasiado fina, y no presentar marcas ni defectos.
- Unas líneas gruesas, profundamente grabadas, muestran una salud física fuerte. No obstante, este tipo de línea sugiere falta de control de la persona sobre su propia fuerza y, aunque la vitalidad es plena en breves explosiones, existe tendencia a que se agote rápidamente. Estas personas deben marcarse un ritmo a sí mismas y no emplear todas sus reservas en el primer problema que se les presente.
- Unas líneas muy finas muestran una vitalidad frágil y sugieren incapacidad para aportar grandes cantidades de energía en caso necesario. Es posible que las personas con líneas de este tipo tengan escasos recursos físicos y mentales, de modo que, si se ven sometidas a una demanda excesiva, pueden no resistir la presión y hundirse.
- Una líneas desdibujadas o borrosas muestran falta de concentración, incapacidad para canalizar de manera constructiva las energías y tendencia a capacidades dispersas.

Las líneas de las yemas de los dedos

Líneas horizontales en las yemas de los dedos

Llamadas en ocasiones líneas blancas, las rayas
horizontales que atraviesan las yemas de los
dedos constituyen uno de los primeros signos
de estrés y preocupación. Estas son algunas de
las líneas que aparecen y desaparecen más
rápidamente cuando la tensión se acumula y
luego vuelve a liberarse. Unas veces van y vienen
en cuestión de días y otras persisten en las yemas
de los dedos durante años, testimonio de que los
problemas no se han resuelto.

En algunos casos aparecen líneas aleatorias
en las yemas de los dedos impares. En otros,
se desarrollan tantas líneas que casi ocultan el
patrón de crestas epidérmicas del dedo –una
advertencia de que, si no se toman medidas
preventivas en un futuro cercano, pueden
desarrollarse enfermedades relacionadas con el
estrés. (Véase «Marcas en las yemas de los dedos»,
en la página opuesta).

Líneas verticales en las yemas de los dedos

Los datos sugieren que existe una relación
entre las yemas de los dedos y el sistema
endocrino (hormonal). Se considera que la
yema de cada dedo refleja el estado de la glándula
endocrina correspondiente a ese dedo en
concreto.

Marcas en las yemas de los dedos

Dado que cada dedo gobierna una faceta concreta de la vida, es posible determinar la causa del estrés calibrando qué dedos se encuentran más afectados por esas líneas «blancas».

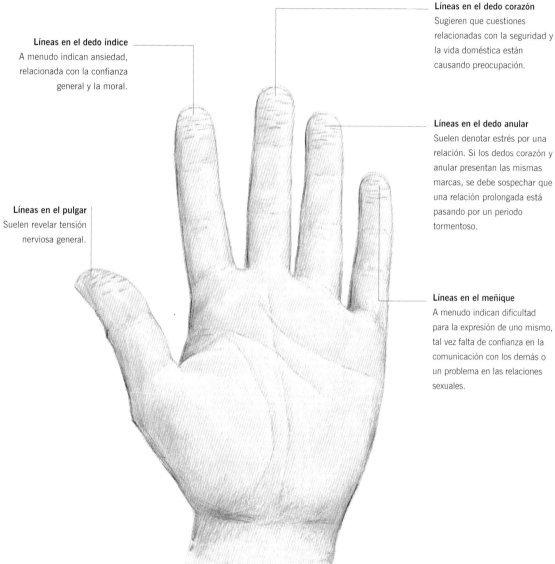

Líneas en el dedo corazón
Sugieren que cuestiones relacionadas con la seguridad y la vida doméstica están causando preocupación.

Líneas en el dedo índice
A menudo indican ansiedad, relacionada con la confianza general y la moral.

Líneas en el dedo anular
Suelen denotar estrés por una relación. Si los dedos corazón y anular presentan las mismas marcas, se debe sospechar que una relación prolongada está pasando por un periodo tormentoso.

Líneas en el pulgar
Suelen revelar tensión nerviosa general.

Líneas en el meñique
A menudo indican dificultad para la expresión de uno mismo, tal vez falta de confianza en la comunicación con los demás o un problema en las relaciones sexuales.

Las glándulas endocrinas del organismo liberan hormonas al torrente sanguíneo. Las hormonas dan lugar a cambios químicos o desencadenan la actividad de otras glándulas. Cada parte de un sistema glandular en equilibrio segrega la cantidad correcta de hormona de acuerdo con las necesidades orgánicas y envía los mensajes adecuados a otras glándulas para activarlas. Si una glándula falla, esta reacción en cadena deja de funcionar bien. Este funcionamiento deficiente es el que halla reflejo en las líneas verticales que se extienden hacia arriba a partir de la última articulación de cada dedo.

Notas de salud

Las líneas que denotan cansancio son marcadas líneas verticales que recorren las dos primeras falanges de los dedos. Cuando existen muchas líneas de este tipo, se trata de una señal de aviso de que el organismo se encuentra próximo al agotamiento.

Otras líneas menores

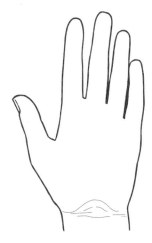

Estigmas médicos

Cuando está presente, esta formación de tres líneas delata una actitud calmada y tranquila en el trato con los demás, así como una inclinación natural a las artes curativas. No todo el personal médico tiene esta marca, sino solo aquellas personas que destacan por su capacidad para empatizar con el paciente. Puede aparecer en cualquier persona que interviene en el área de la salud, incluidos asesores y psicólogos, y en todo tipo de gente que no trabaja en estos campos.

Pulseras

Son las marcas de tipo brazalete o anillas que se observan en la muñeca. El número medio de pulseras es de tres y la más alta forma el límite entre el brazo y la mano. En la mayoría de las personas cada una de estas pulseras constituye una evidente línea horizontal que atraviesa la muñeca, aunque en algunos casos la anilla superior se arquea hacia la palma de la mano, siendo un signo de posibles problemas en el parto.

La existencia de conexiones

Desde las antiguas prácticas de shiatsu, acupuntura y reflexología, un volumen creciente de datos ha venido a confirmar la relación entre órganos internos y estructuras superficiales. No obstante, en el estudio de la mano, la evidencia de tales conexiones ha empezado a reconocerse en tiempos relativamente recientes, siendo necesarios nuevos estudios de investigación en dicho campo. Con todo, los conocimientos de que disponemos apuntan a las conexiones que a continuación destacamos.

Yema del dedo anular

Se dice que está ligada al timo, glándula que desempeña un papel importante en el sistema inmunológico. No obstante, dado que el dedo anular y el área de la palma de la mano inmediatamente por debajo de ese dedo se asocian al corazón y a la circulación, parece lógico pensar que las líneas verticales que se observan en esta yema reflejan alguna disfunción del sistema cardiovascular. Ciertamente, se ha observado que las personas con presión arterial alta tienen la yema del dedo anular intensamente surcada por líneas. Hasta la década de los años 60 poco se sabía acerca del timo y es posible que futuras investigaciones establezcan de forma más clara la existencia de una relación entre este órgano y el sistema circulatorio. También merece la pena destacar que, en reflexología, la conexión con el timo se localiza en la palma de la mano, en una línea situada directamente bajo el dedo anular.

Yema del dedo meñique

Está en conexión con la glándula tiroidea y existen más datos que avalan dicha conexión. Las líneas verticales presentes aquí indican sobre o infraproducción de la hormona tiroxina, responsable del metabolismo regulador. En ciertos casos cabe pensar en un desequilibrio de yodo, esencial para la producción de la hormona. La acción de la glándula tiroidea se desencadena por estimulación de la hipófisis.

Yema del dedo corazón

Se dice que se encuentra en conexión con la epífisis. No se conoce del todo la función de esta glándula, pero parece ser que desempeña un papel principal en el mantenimiento de la consciencia que tenemos del día y de la noche y en el control de nuestro ritmo diario. Dado que ello sugiere que la epífisis guarda relación con el mantenimiento del equilibrio en el organismo, el punto correspondiente se localizaría en teoría en la yema del dedo de Saturno, ligado al sentido del equilibrio. No obstante, la reflexología sitúa este punto terminal de la glándula en la yema del pulgar.

Yema del dedo índice

Se considera asociada a la glándula hipofisaria. Esta es la glándula endocrina más importante, pues produce hormonas esenciales que controlan la actividad de muchas otras glándulas del organismo. Curiosamente, la reflexología sitúa la conexión con la hipófisis en el pulgar.

Yema del dedo pulgar

Todavía no se le ha atribuido ninguna conexión glandular. En el análisis de la mano, la última falange de este dedo refleja la fuerza de voluntad y el control mental que tiene la persona sobre su vida. Sería pues interesante que la reflexología reconociera una conexión entre esta área y la hipófisis, el controlador principal del sistema endocrino. La reflexología también sitúa aquí la epífisis y, dado que tanto la hipófisis como la epífisis se localizan en el cerebro, sería lógico que ambas glándulas hallaran correspondencia aquí, en la sede del control mental.

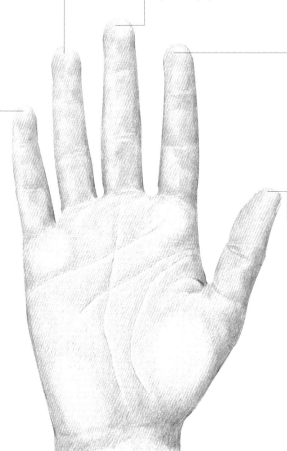

Tu tipo de líneas

Es esencial relacionar las líneas presentes en la palma con los cuatro tipos básicos de mano (véase Primera parte, págs.16-17).

Tierra

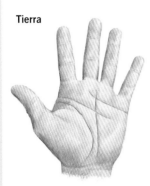

El tipo de mano de tierra corresponde a una persona práctica y se caracteriza por unas cuantas líneas intensas y bien marcadas.

• Si esta mano contiene muy pocas líneas extremadamente fuertes y gruesas, la persona será fuerte, pero si no canaliza su energía adecuadamente acabará agotándose.

• Unas líneas débiles y fragmentadas significan en este caso que la persona carece de la fuerza que requiere su naturaleza fundamental.

• Una telaraña de finas líneas refleja en este caso una naturaleza muy nerviosa, que contrasta con su personalidad básica de tierra, lo cual da lugar a tensión interior. También es propia de alguien que no puede pensar de manera imaginativa y tampoco hacer realidad esas ideas (una persona típicamente de Tierra es hábil en tareas manuales).

Aire

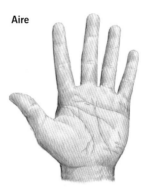

El tipo de mano de aire, propio de una persona vital e inteligente, tiende a mostrar unas cuantas líneas más que la mano de tierra, aunque nítidas y bien formadas, lo que confiere a la palma de la mano un aspecto despejado.

• Un número demasiado escaso de líneas sugiere falta de sensibilidad, en detrimento de la creatividad y de la consideración intelectual.

• Un número excesivo de líneas, sobre todo si están mal dibujadas, puede apuntar a un elemento de neurosis.

Fuego

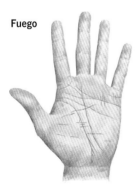

La mano vital de tipo fuego se caracteriza por presentar muchas líneas y, aunque las principales se muestran intensamente grabadas, pueden aparecer atravesadas por varias líneas menores, que a menudo se muestran frágiles y fragmentadas.

• Cuanto más fuertes sean las líneas, mayor será la capacidad de la persona para canalizar sus energías. Líneas intensas y bien trazadas suponen en este caso buenos recursos físicos y mentales, así como una gran ambición por cumplir con los planes.

• Un número excesivo de líneas, sobre todo si fragmentadas y mal dibujadas, indica que se trata de una persona muy nerviosa y con escaso control sobre sus emociones –peligroso en alguien que vive la vida al límite. La persona no tiene buen criterio y es impresionable.

Agua

El tipo de mano de agua corresponde a una persona hipersensible y muestra gran profusión de líneas, apareciendo las principales bien formadas y atravesadas por otras numerosas líneas, que a menudo son finas y fragmentadas.

• Cuantas más líneas presenta la mano, más nerviosa es la persona. Existe una elevada probabilidad de depresión e inestabilidad mental, incluso de neurosis y actitud obsesiva. Aunque a menudo se trata de individuos muy creativos, un número excesivo de líneas sugiere falta de concentración, de modo que los buenos planes no llegan nunca a ver la luz del día.

• En el improbable caso de encontrar una mano de agua con pocas líneas, la persona tendrá mayor determinación para hacer realidad sus ambiciones, aunque pueda mostrar cierta crueldad o sangre fría.

Manos llenas y vacías

Una pista inmediata sobre el bienestar de una persona consiste en la cantidad de líneas que tiene en la palma de la mano. Una mano «llena» alberga una compleja y confusa telaraña de líneas entrecruzadas que cubren la palma y los dedos. Una mano «vacía» y despejada es aquella que contiene pocas líneas nítidas, a menudo solo tres o cuatro líneas principales. En general, cuanto más numerosas y finas o quebradas son las líneas, más sensible es el individuo física y psicológicamente.

Resulta interesante que, aunque las personas con nervio parezcan físicamente más frágiles, quizá sean más fuertes y resistentes, capaces de soportar situaciones difíciles y enfermedades dolorosas durante años hasta el final.
Las personas con líneas más gruesas e intensas, aunque físicamente sean más fuertes, parecen gastar sus energías en breves explosiones y les cuesta más trabajo mantener su fuerza durante largos periodos de tiempo.

La mano vacía

Las personas con este tipo de mano son más eficaces a la hora de controlar las emociones y centrar sus energías en el trabajo que tienen entre manos. Salvo que se den rasgos contradictorios, como una línea de la cabeza fuertemente curvada, rara vez malgastan el tiempo preocupándose por nada, pero el desapego que sienten en relación con su propio sistema nervioso significa que es posible que carezcan de cierta sensibilidad hacia los demás.

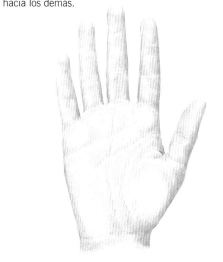

La mano llena

Es propia de una persona muy nerviosa, aprensiva y muy emocional que vive con los nervios a flor de piel, derrochando energía y consciente de cualquier pequeño cambio en su cuerpo y en su entorno. Una mano muy llena revela que se trata de una persona especialmente compleja, tendente a la sugestión y posiblemente propensa a los trastornos psicosomáticos. Si la palma de la mano se muestra además fuertemente curvada, con una prominencia bajo el dedo meñique, la persona tiene una mente inquieta y muy viva, a la que le cuesta desconectar. Las técnicas de relajación como el yoga obran milagros en estos casos.

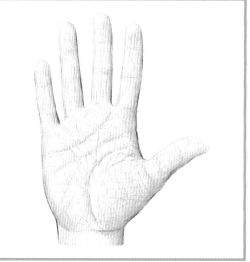

Tercera Parte

Acciones positivas

Tratamiento de dolencias comunes

Hasta aquí se han mostrado los fundamentos de la lectura de las manos y has aprendido a reconocer los indicadores específicos de salud presentes en ellas. Con toda esta información puedes ya pasar a la acción, utilizando las sugerencias prácticas de salud complementaria que a continuación se ofrecen. Esta sección cubre una amplia variedad de dolencias comunes y ofrece modos de mejorar la vitalidad y el bienestar general, para que sientas que tienes la salud en tus manos, literalmente. Aquí encontrarás un resumen visual de las marcas típicas asociadas a trastornos concretos, junto con sus síntomas más frecuentes y las terapias sugeridas para el alivio general y la prevención. También se ofrecen remedios «rápidos», para un alivio inmediato. El apéndice incluido al final del libro constituye una guía de referencia rápida de las terapias comentadas en esta sección. Recuerda que, aunque ciertamente puedas hacerte cargo de tu propia salud, debes tratar tus síntomas con cautela. Consulta siempre a un médico si estás preocupado por cualquier aspecto de tu salud.

Tienes tu salud en las manos

Precaución

Los suplementos, remedios y técnicas descritos en este libro se sugieren solo como una fuente de referencia, no como guía médica. Las plantas medicinales, por ejemplo, tienen poderosas propiedades incluso en dosis muy pequeñas y ciertos tipos de masaje son en ocasiones contraproducentes –ciertas modalidades de reflexología no deben practicarse en mujeres embarazadas, por ejemplo. Consúltese al médico antes de emprender cualquier tratamiento. En relación con las vitaminas y los minerales, deben tomarse siempre las unidades internacionales diarias recomendadas.

Sales tisulares: abreviaturas

1	Calc. Fluor.	Fluoruro de calcio	6	Kali. Phos.	Fosfato de potasio
2	Calc. Phos.	Fosfato de calcio	7	Kali. Sulph.	Sulfato de potasio
3	Calc. Sulph.	Sulfato de calcio	8	Mag. Phos.	Fosfato de magnesio
4	Ferr. Phos.	Fosfato de hierro	9	Nat. Mur.	Cloruro de sodio
5	Kali. Mur.	Cloruro de potasio	10	Nat. Phos.	Fosfato de sodio
			11	Nat. Sulph.	Sulfato de sodio
			12	Silica	Óxido de silicio

Enfermedades de los sentidos

Problemas oculares

Debes buscar ...

1 Una isla grande en la línea del corazón, por debajo del anular, es un síntoma clásico, pero también puede representar problemas de corazón o de circulación.

2 Una isla en la línea de la cabeza, a la altura del monte de Apolo.

3 Algunos médicos afirman que una marca circular o semicircular, bien por encima de la línea del corazón a la altura del dedo anular bien pegada al borde interno de la línea de la vida, refleja predisposición a las cataratas.

Acción

- La vitamina A es esencial para unos ojos sanos.
- La planta *Euphrasia,* tomada en infusión o aplicada en forma de loción o compresa sobre los ojos, constituye un remedio tradicional para ojos débiles o enfermos, y se dice que potencia la vista.
- Las cápsulas de zanahoria y de arándanos se recomiendan para la ceguera nocturna.
- Silica para el tratamiento de los orzuelos; Kali. Phos. para la fatiga; Nat. Mur. para los ojos llorosos; Ferr. Phos. para el dolor, la inflamación y el enrojecimiento.

Teoría de Bates

Prueba el siguiente ejercicio de Bates para potenciar la vista (v. también Apéndice, pág. 140). De vez en cuando fija la vista en un objeto y desvía la mirada de un lado a otro del mismo, y de arriba abajo. Este ejercicio funciona mejor con desvíos pequeños y con la vista relajada.

Problemas de oído

Debes buscar ...

Un signo característico es la presencia de una isla en la línea del corazón, a la altura del dedo corazón.

Acción

- Sales tisulares Kali. Mur. y Ferr. Phos.
- Se ha observado que el Ginkgo biloba ayuda con los acúfenos (pitidos en los oídos)
- El jengibre puede utilizarse para tratar el vértigo.
- La acupresión y la acupuntura resultan de utilidad para el mareo y los acúfenos. Concretamente las pulseras de acupuntura ayudan a prevenir los mareos en los viajes.

Síntomas comunes y enfermedades relacionadas con los sentidos

Síntomas Mareos, desmayos, pitidos en los oídos, náuseas, pérdida de equilibrio, dolor de oídos, orzuelos, mala visión general, deficiente visión nocturna, visión borrosa, dificultad para leer, dificultad para conducir, pérdida de audición

Enfermedades Acúfenos, otitis media, cataratas, ceguera, conjuntivitis, otitis, sordera, blefaritis, miopía o glaucoma

Lectura de los signos principales: los sentidos

Deben buscarse pistas en el recorrido de la línea, especialmente formaciones irregulares en las líneas de la cabeza y del corazón.

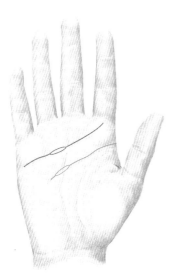

▲ Islas en las líneas de la cabeza y del corazón, a la altura del dedo anular, denotan diferentes problemas oculares

▲ Una formación circular hacia el interior de la línea de la vida puede denotar propensión a las cataratas.

▲ Una isla en la línea del corazón, directamente bajo el dedo corazón, puede revelar dificultades de audición u otros problemas del oído.

Hallazgos de la medicina moderna

Nos hallamos en una etapa temprana de la investigación científica en este campo, pero ya estamos asistiendo a resultados realmente interesantes que parecen relacionar características tanto físicas como psicológicas con la forma, la estructura y las marcas de las manos.

Programación fetal

Durante la gestación el feto se encuentra inmerso en un «baño» hormonal, cuya composición particular influirá en el desarrollo del feto. Los investigadores están empezando a reconocer que, debido a que nuestras manos se forman al mismo tiempo que el cerebro, los testículos/ovarios y el corazón –un momento crucial en el desarrollo fetal– las mismas hormonas que programan estos órganos podrían también estar programando las manos, de un modo similar. Estos hallazgos pioneros suponen que las marcas que presentamos en las manos actuarían como un registro de la gestación y reflejarían nuestra predisposición a las enfermedades.

Manzanas y peras

Los estudios realizados sobre la figura corporal sugieren que las personas que tienden a acumular grasa en la cintura (con figura llamada de manzana) tienen una esperanza de vida más corta que las personas que tienden a acumular grasa en caderas y muslos (la llamada figura de pera).

En Estados Unidos, el National Center for Chronic Disease Prevention ha descubierto la existencia de correspondencia entre estos tipos corporales y el número de crestas cutáneas en los dedos anular y meñique. La mayor parte de la gente tiene apenas unas cuantas crestas más en el dedo anular que en el meñique. Las personas con muy poca diferencia entre ambas cifras suelen tener figura corporal de pera, mientras que aquellas con veinte o más crestas en el dedo

anular en comparación con el meñique muestran tendencia a una figura de manzana.

Dado que las personas con figura de tipo pera son más propensas a la diabetes y a las cardiopatías, la prueba de la diferencia de crestas puede ser una forma rápida y económica de detectar individuos en riesgo de desarrollar tales enfermedades.

Sexo y creatividad

Un estudio publicado en la revista *Human Reproduction* ha llegado a la conclusión de que los hombres cuya mano derecha no era el reflejo exacto de su mano izquierda mostraban tendencia a tener un recuento más bajo de espermatozoides que los hombres cuyas dos manos coincidían casi perfectamente.

Estudios recientes llevados a cabo por un equipo de la Universidad de Liverpool en el Reino Unido han puesto de manifiesto la existencia de un vínculo entre la longitud relativa de los dedos anular e índice en la mano de un hombre y los niveles de su hormona sexual, la testosterona. Los hombres con el dedo anular sensiblemente más largo que el índice tenían niveles más altos de testosterona, lo cual conducía a un aumento del deseo sexual (el mismo equipo encontró que los músicos mostraban tendencia a tener el dedo anular más largo que el dedo índice).

Mapa de salud

En la actualidad están saliendo a la luz todo tipo de nuevos y apasionantes datos científicos que relacionan las manos con la salud, de manera que tal vez sea solo cuestión de tiempo que el estudio de la mano con fines médicos sea aceptado en consulta como una herramienta más de diagnóstico. No obstante, es un trabajo lento y queda todavía mucho por hacer en este campo. Como resumen de algunos de los descubrimientos realizados hasta ahora, puedes consultar el «mapa» de correspondencias salud-mano de la página siguiente.

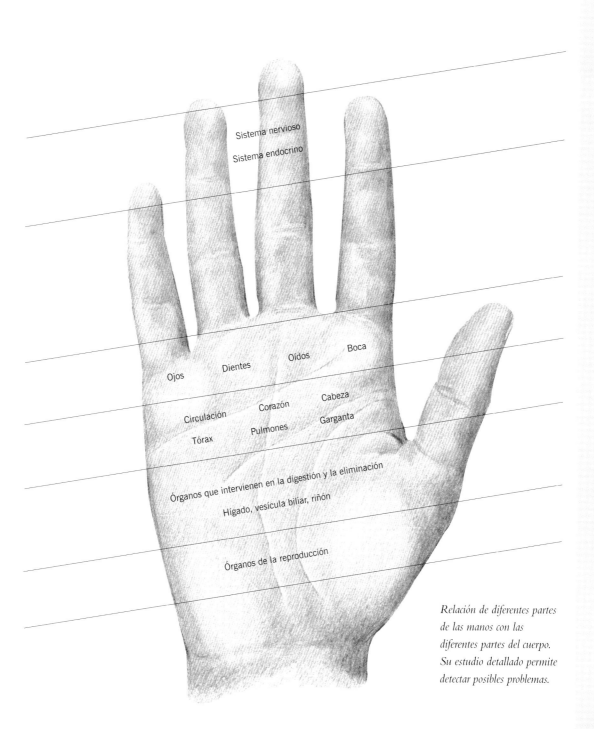

Sistema nervioso

Sistema endocrino

Boca

Oídos

Dientes

Ojos

Cabeza

Corazón

Circulación

Garganta

Tórax   Pulmones

Órganos que intervienen en la digestión y la eliminación

Hígado, vesícula biliar, riñón

Órganos de la reproducción

Relación de diferentes partes de las manos con las diferentes partes del cuerpo. Su estudio detallado permite detectar posibles problemas.

Enfermedades del pecho

Problemas respiratorios

Se incluyen en esta categoría una amplia serie de trastornos, entre ellos el dolor de garganta, la bronquitis, la neumonía, la tuberculosis y la enfermedad pulmonar.

Debes buscar...

1 Islas en el inicio de la línea de la cabeza pueden reflejar predisposición a los problemas respiratorios.
2 Uñas curvadas sobre las yemas de los dedos. La primera suele ser la uña del dedo índice izquierdo, seguida por el derecho, por el dedo corazón izquierdo y luego el derecho y así sucesivamente con el resto de los dedos.
3 Los casos más graves cursan marcados por uñas abombadas.
4 En ciertas enfermedades respiratorias graves, las yemas de los dedos se hinchan y muestran aspecto de «porra» (puede ocurrir también en los casos de cardiopatías y problemas circulatorios graves).
5 Además, en casos avanzados, la cianosis (coloración azulada) puede teñir uñas y piel (trastorno asociado también a ciertos problemas cardiovasculares).

Acción

• De las sales tisulares, Kali. Mur. alivia la congestión y el dolor de garganta. La Preparación Q, una combinación Ferr. Phos., Kali. Mur., Kali. Phos.

Lectura de los signos principales: el pecho

Dependiendo de la gravedad de la enfermedad, las señales de alarma varían desde la aparición de islas en las líneas, pasando por malformaciones de las uñas, hasta la presentación de un color azul (en casos graves, tanto de la piel como del lecho ungueal).

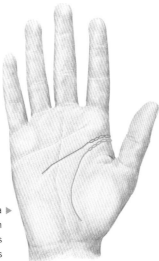

▶ Islas en el inicio de la línea de la vida denotan predisposición a problemas respiratorios o afecciones respiratorias en la infancia.

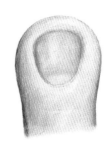

▲ El color azulado de la piel e incluso de los lechos ungueales puede denotar graves problemas respiratorios.

▲ Cuando existen trastornos respiratorios y cardíacos, las puntas de los dedos pueden adoptar forma de porra.

▲ Las uñas abombadas o curvadas sobre las yemas de los dedos indican que los pulmones se encuentran sometidos a sobreesfuerzo.

y Nat. Mur., se recomienda para el catarro y los problemas sinusales.

- Las infusiones preparadas con tomillo y helenio relajan los espasmos musculares y tienen efecto expectorante. Para la tos y los resfriados, se recomiendan las infusiones de tusilago y marrubio.

- Efedra (planta a la que debe su nombre la efedrina, el fármaco que se prescribe para los problemas de las vías respiratorias) y el llantén se utilizan también para la enfermedad asmática y bronquial.
- Actualmente se piensa que los productos lácteos pueden desencadenar problemas respiratorios, dado que exacerban la producción de moco y flema

Remedios rápidos

Para una nariz taponada, vierte unas gotas de aceite esencial de lavanda, eucalipto y sándalo en un pañuelo y colócalo sobre el escritorio o la mesita de noche. En invierno, vierte las gotitas en un paño de algodón y déjalo sobre un radiador, de modo que el calor libere los aromas de propiedades relajantes y antisépticas, que te ayudarán a dormir (no hacerlo sobre calefactores de abertura superior).

Síntomas y enfermedades más frecuentes relacionados con el sistema respiratorio

Síntomas Tos, presión en el pecho, congestión, sibilancias, estornudos, secreción nasal, catarro, fiebre, dolor de cabeza

Enfermedades Resfriado común, gripe, sinusitis, asma, bronquitis, neumonía, enfermedad pulmonar, tuberculosis

Enfermedades de estómago y abdomen

Acidez

La acidez puede deberse a una digestión deficiente o a un aumento gradual de ácidos en el organismo. Son causas frecuentes una alimentación deficiente y el estrés.

Debes buscar...

1 Destellos (finas líneas como lenguas de fuego) que discurren oblicuamente desde el centro de la palma de la mano hacia arriba, en dirección a los dedos anular y meñique.

2 Una imagen de «velo» en el borde de percusión −numerosas y finas líneas entrecruzadas que atraviesan el patrón de crestas en el área de percusión, por debajo del inicio de la línea del corazón. Se considera que representa la acumulación de ácido úrico, que puede agravar ciertas enfermedades reumáticas.

Acción

- Sales tisulares Phos. y Nat. Mur.. El remedio llamado Silica es útil para eliminar la acidez crónica, pero actúa muy despacio.
- Las infusiones de menta, más centaura y aquilea, favorecen los procesos digestivos.
- Las bacterias de la especie *acidophilus*, presentes en los yogures probióticos y en suplementos, son un tipo de bacterias que ayudan a mantener el equilibrio de la flora intestinal, favoreciendo la digestión y combatiendo la acidez.

Problemas digestivos

Esta categoría incluye diversos trastornos del estómago y del intestino.

Debes buscar...

1 Finas líneas de destellos, que arrancan del centro de la palma y se dirigen en dirección oblicua hacia el dedo anular, sugieren tendencia a la hiperactividad intestinal.
2 Un monte de la Luna muy marcado por líneas puede también indicar problemas intestinales.
3 Una falange basal del dedo índice gruesa puede denotar tendencia a la dispepsia, principalmente debida a nutrición deficiente.
4 Un grupo de líneas que dibujan una forma de triángulo o de diamante pegada a la línea de la vida, dos tercios hacia abajo en la palma de la mano, puede indicar trastornos de la vesícula biliar.
5 Una línea de la salud fragmentada puede denotar trastornos gástricos e intestinales.

Acción

• Existen una amplia variedad de preparaciones y de infusiones de hierbas que favorecen la digestión: menta piperita para empachos, náuseas y dolor de estómago; tomillo y melisa para los calambres en el estómago y la diarrea; el hinojo para los cólicos; diente de león como purificador de la sangre; jengibre y piña para la indigestión, las dificultades para digerir los alimentos, las náuseas y la falta de apetito.

• Dos grupos principales de sales tisulares se tienen en cuenta en este ámbito. La combinación C, consistente en Mag. Phos., Nat. Phos., Nat. Sulph. y Silica, para todos los trastornos que implican acidez, ardor de estómago e indigestión. Y la combinación S, que incluye Kali. Mur., Nat. Phos. y Nat. Sulph., para tratar las molestias agudas de estómago, las náuseas y los trastornos biliares.

Hernia

La tendencia a la aparición de una hernia puede hallar reflejo en un conjunto de líneas de forma triangular o de diamante, unidas a la línea de la vida aproximadamente a dos tercios de su recorrido hacia abajo en la palma de la mano.

Obesidad

Debes buscar...

1 Unas falanges basales regordetas y mullidas en todos los dedos son propias de una persona sensual, autoindulgente y a menudo indolente, como son a menudo las personas con sobrepeso.
2 Pequeñas almohadillas grasas en el dorso de las falanges basales de los dedos significan un problema de peso a largo plazo, que probablemente ha ido gestándose desde la infancia y que será más difícil de eliminar.

Síntomas y enfermedades más frecuentes relacionados con el sistema digestivo

Síntomas Hinchazón, dolor cólico, fatiga, estreñimiento, diarrea, náuseas, gases, dolor de estómago, erupciones cutáneas, pérdida de apetito, retención de líquido, ardor de estómago, inflamación gástrica, vómito

Enfermedades Reflujo ácido, raquitismo, síndrome de intestino irritable, colitis, enfermedad celiaca, diverticulosis, cáncer intestinal, enfermedad de Crohn, apendicitis, intoxicación alimentaria, gastritis, cálculos biliares, anorexia nerviosa, bulimia nerviosa, úlceras pépticas, malnutrición, diabetes

Acción

- La fuerza de voluntad, el ejercicio y una dieta cuidadosamente controlada en cuanto a calorías son las mejores maneras de abordar una pérdida de peso. No se recomiendan las dietas de choque, pues suponen deficiencias nutricionales y desequilibrios orgánicos. Las personas con notable sobrepeso deben siempre someterse a una revisión médica antes de emprender ningún plan para perder peso.
- Algunos herboristas mantienen que el té verde, el guaraná y el extracto de frijol blanco ayudan a perder peso. Los preparados de piña tienen fama de actuar contra la celulitis.
- La personas conscientes de la influencia de la energía de la Luna sobre nuestra vida afirman que, comenzando el régimen de control de calorías después de la Luna llena, se cuenta con la ventaja de la fuerza de la Luna menguante, circunstancia que desencadena una pérdida de peso más rápida y proporciona el incentivo que se necesita para perseverar hasta alcanzar el objetivo deseado.

Lectura de los signos principales: estómago y abdomen

Una mano pálida, cuya palma ofrece una sensación flácida y pastosa, es un primer signo de irregularidades.

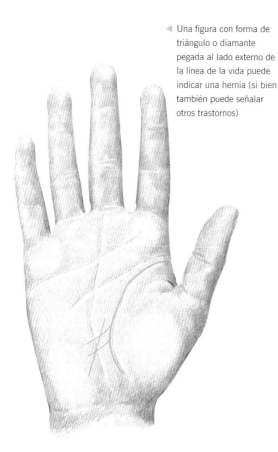

◀ Una figura con forma de triángulo o diamante pegada al lado externo de la línea de la vida puede indicar una hernia (si bien también puede señalar otros trastornos)

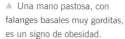

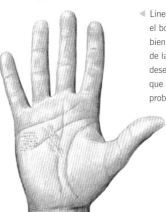

▲ Una mano pastosa, con falanges basales muy gorditas, es un signo de obesidad.

▲ Una mano de aspecto pálido es un signo de problemas de estómago.

◀ Líneas finas horizontales en el borde de percusión, o bien oblicuas en el centro de la palma indican un desequilibrio ácido/alcalino, que puede conducir a problemas digestivos.

Masaje de manos

La mano es una parte perfecta del cuerpo para masajear. Es fácil darse un masaje de manos a uno mismo y además es algo que se puede hacer prácticamente en cualquier lugar. Puede usarse una combinación de diferentes técnicas –desde la reflexología (v. págs. 136-137) y la aromaterapia hasta el masaje por presión profunda o el masaje por rozamiento o *effleurage*.

Effleurage
Esta es la principal técnica utilizada para la tonificación del organismo en general (v. más abajo) y consiste en un suave frotamiento con toda la mano o solo con el pulgar.

Un frotamiento ligero posee un efecto relajante, mientras que una presión mayor estimula la circulación, los músculos y demás tejidos. El masaje se realiza siempre hacia arriba, hacia el corazón. Incluso cuando se trabaja hacia abajo, es decir desde las muñecas hacia las puntas de los dedos, deben realizarse movimientos de barrido desde los dedos hacia arriba, en dirección al brazo.

Utiliza una mano para masajear la otra y emplea la parte carnosa y el pulgar para aplicar presión, extendiendo la manipulación a los puntos dolorosos. No es esencial utilizar un lubricante, si bien unos polvos de talco

Masaje de manos para tonificar el cuerpo

Sigue estos sencillos pasos y harás un buen trabajo de manos.

1 Comenzando por la muñeca, haz presión con la yema del pulgar en ligeros movimientos circulares cubriendo un área horizontal en la muñeca y, por arriba, hacia el dorso del brazo. Este masaje ayuda a soltarlois músculos y ligamentos de la muñeca.

2 Realiza presión con la parte carnosa de la mano sobre los nudillos de la otra mano y empuja hacia abajo, perpendicularmente a la muñeca. Manteniendo el brazo abierto y la palma hacia abajo, abarca los dedos y empújalos hacia abajo hasta que sientas tensión en la muñeca. Repite del mismo modo en la otra mano.

3 Con la palma de una mano posada sobre el dorso de los dedos de la otra, masajea el dorso de esa mano ejerciendo presión con la punta del pulgar entre los tendones. Comienza por la telilla carnosa éntrelos dedos pulgar e índice, presionando primero hacia arriba y arrastrando después ligeramente el pulgar hacia atrás. Repite para todos los dedos y después con la otra mano.

aromáticos o un aceite de aromaterapia (siempre diluidos en aceite vehiculador) resultan agradables y a menudo terapéuticos. No se debe forzar ningún movimiento, especialmente si existe la menor resistencia o si la lesión o la enfermedad no lo permiten.

Notas de salud

Tanto si es uno mismo quien se aplica el masaje como si es otra persona la que lo realiza, siempre hay que lavarse las manos al final de los ejercicios.

Aceites de aromaterapia para masaje

- Neroli (de las flores del naranjo amargo) – calma los trastornos nerviosos
- Bergamota – tónico antiséptico
- Romero – estimulante, especialmente beneficioso para la pérdida de memoria
- Pimienta negra – favorece la concentración
- Ylang ylang – afrodisíaco

Los aceites de aromaterapia son fuertes y pueden provocar reacciones adversas, especialmente en la mujer embarazada –consultar contraindicaciones.

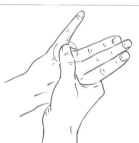   

4 Pellizca firmemente los pliegues carnosos entre los dedos, uno a uno, durante varios segundos, aplicando un movimiento circular con el pulgar y el dedo índice. Este masaje moviliza las toxinas acumuladas en la zona y favorece su eliminación por los mecanismos naturales de depuración del organismo. Repite del mismo modo en la otra mano.

5 Gira la mano para trabajar el lado de la palma. Comenzando por la base, describe pequeños movimientos circulares con el pulgar, trabajando a través de la palma. Comienza en el borde del pulgar y avanza por la palma, sector por sector, hasta el borde de percusión. Insiste en cualquier punto doloroso durante varios segundos. Repite en la otra mano.

6 Comenzando por la yema del pulgar, aplica los mismos movimientos circulares hacia abajo en cada dedo, un o a uno, pellizcando y frotando las articulaciones según vayas pasando por ellas. De esta manera accederás a los puntos de acupresión localizados en los dedos. Repite en la otra mano.

7 Entrelaza los dedos y estira una mano contra la otra, sintiendo la tensión en la base de los dedos. Sacude las manos con energía hasta que sientas un hormigueo.

Enfermedades del sistema inmunitario

SIDA

Todavía no se han llevado a cabo estudios suficientes como para poder elaborar una lista de indicadores de esta enfermedad. No obstante, las observaciones realizadas hasta la fecha incluyen crestas cutáneas fragmentadas, que también se asocian a un sistema inmunitario vulnerable.

Síntomas y enfermedades más frecuentes relacionados con las alergias

Síntomas Erupción cutánea, dificultad respiratoria, rigidez articular, aletargamiento, trastornos del sueño, desmayos

Enfermedades Fiebre del heno, psoriasis, artrosis, gota, EM

Interpretación de los signos principales: el sistema inmunitario

Siguen adelante los estudios acerca de los cambios en las formaciones de crestas cutáneas de la palma de la mano que podrían evidenciar conexión con trastornos inmunitarios más graves, aunque hasta la fecha no se han alcanzado resultados concluyentes.

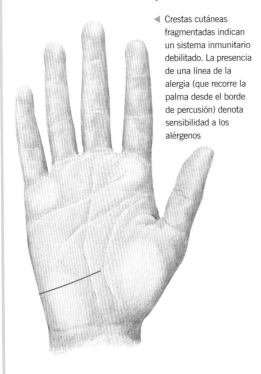

◀ Crestas cutáneas fragmentadas indican un sistema inmunitario debilitado. La presencia de una línea de la alergia (que recorre la palma desde el borde de percusión) denota sensibilidad a los alérgenos

Alergias

En este caso el principal indicador para las alergias es la propia línea de la alergia, que se extienden horizontalmente a través del monte de la Luna. No obstante, solo señala un problema general, y no específico para un alérgeno.

- Revisa la existencia de marcas de estrés en la mano, ya que ciertas alergias están relacionadas con el estrés.
- Lleva un registro de la dieta, del contacto con agentes químicos y de cualquier reacción adversa, con el fin de poder aislar alérgenos concretos.
- La vitamina C y el ajo pueden resultar beneficiosos.

Debilidad del sistema inmunitario

Debes buscar…

Crestas cutáneas fragmentadas.

Acción

- Muérdago, aunque es tóxico en su forma silvestre, fortalece el sistema inmunitario en preparados específicamente creados por profesionales.
- La planta *Echinacea* ha dado excelentes resultados a la hora de reforzar el sistema inmunitario y ha mostrado efectos beneficiosos en las personas que sufren esclerosis múltiple (EM).

Enfermedades de las glándulas

Desequilibrio tiroideo

Los problemas de la glándula tiroidea se producen cuando funciona de modo deficiente y se muestra hiperactiva o hipoactiva, dando lugar a una cantidad excesiva o insuficiente de tiroxina. Ambos trastornos tienen graves implicaciones para el crecimiento y el metabolismo.

Los síntomas de una actividad excesiva de la glándula tiroides son hiperactividad, tensión nerviosa, función cardiaca acelerada, pérdida de peso, manos sudorosas y un ligero temblor de dedos. En caso de baja actividad se produce aumento de peso inusual, aletargamiento, dolor muscular y manos frías y secas.

Debes buscar...

Se piensa que la glándula tiroidea halla correspondencia en la yema del dedo meñique y que las líneas verticales presentes en esta área desvelan una glándula sometida a estrés, pero sin diferenciar entre actividad excesiva e insuficiente. No obstante, existen síntomas ligados a un estado y a otro.

Actividad excesiva o hipertiroidismo

1 Un fino temblor de dedos al estirar las manos.
2 Piel suave, con un brillo satinado.

Síntomas y enfermedades más frecuentes relacionados con problemas tiroideos

Síntomas Hiperactividad o aletargamiento, función cardíaca acelerada, pérdida de peso, ojos prominentes, aumento de volumen de parte anterior del cuello, fatiga, repentinos cambios de peso, tensión nerviosa, temblor, dolores musculares, manos frías/secas.

Enfermedades Hipotiroidismo o hipertiroidismo

---

3 Uñas con marcadas estrías verticales.
4 Lúnulas muy amplias en las uñas.
5 Manos húmedas y sudorosas.

Actividad deficiente o hipotiroidismo

1 Manos ásperas, secas y frías.
2 Uñas cóncavas o «en cuchara».
3 Uñas sin lúnula.
4 Uñas quebradizas, que se parten o rajan fácilmente.

Acción

• El yodo del quelpo o comprimidos de algas marinas.
• Yoduro de calcio.

Lectura de los signos principales: la glándula tiroidea

Se considera que las yemas de los dedos están ligadas al sistema endocrino y que cada dedo se corresponde con una glándula concreta.

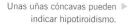

Unas uñas cóncavas pueden ▷ indicar hipotiroidismo.

▲ Unas uñas con marcados surcos verticales pueden indicar hipertiroidismo.

▲ El conjunto de finas líneas verticales que recorren hacia abajo la yema del dedo meñique denota tendencia a los problemas tiroideos.

Enfermedades de los órganos sexuales

Trastornos del sistema reproductor

Debes buscar...

1 Una imagen de líneas con forma de triángulo o de diamante, pegada a la línea de la vida, a cerca de un tercio de su recorrido hacia arriba en la palma de la mano.

2 Una figura de estrella en el punto de intersección de las líneas de la cabeza y de la salud.

3 Una pulsera en la muñeca que sobresale de forma marcada hacia la palma, signo de potenciales problemas en el parto.

4 Un fino trazado de líneas que cubre la base del monte de la Luna.

5 Una delicada cadena en las líneas de la cabeza y del corazón indica un potencial desequilibrio de sodio/potasio, que puede contribuir al síndrome premenstrual (SPM).

Acción

- La salvia, planta clave para el SPM, las menstruaciones dolorosas e irregulares y los problemas generales de la menopausia; el lúpulo y la alfalfa para la regulación hormonal; la agripalma y la manzanilla por sus propiedades calmantes; y la planta conocida como bolsa de pastor para las hemorragias internas, especialmente en el útero.

- Dado que esta categoría incluye un conjunto muy amplio de trastornos, existe una variedad igualmente amplia de remedios bioquímicos. No obstante, para las menstruaciones dolorosas y problemas ginecológicos relacionados se recomienda la combinación N, que incluye Calc. Phos., Kali. Mur., Kali. Phos. y Mag. Phos.

- El sulfato de calcio puede resultar de ayuda en los casos de impotencia.

- Se considera que el aceite de onagra posee un efecto regularizador del ciclo menstrual.

Lectura de los signos principales: órganos sexuales/de la reproducción

Es posible encontrar señales de potenciales problemas principalmente en marcas subsidiarias adosadas a las líneas principales o en un notable desplazamiento de una o más líneas.

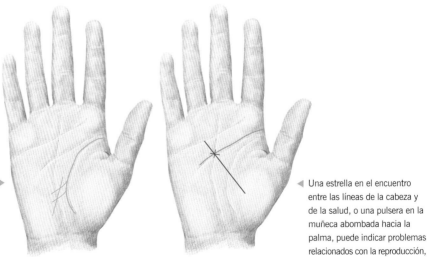

Un diamante o un ▷ triángulo adosado a la línea de la vida, por su lado externo, puede señalar predisposición a complicaciones ginecológicas o urológicas.

◁ Una estrella en el encuentro entre las líneas de la cabeza y de la salud, o una pulsera en la muñeca abombada hacia la palma, puede indicar problemas relacionados con la reproducción, la fertilidad o el parto.

- De los remedios conocidos como Flores de Bach, la esencia floral de Nogal resulta especialmente beneficiosa en momentos de transición, como la pubertad y la menopausia.

Remedios rápidos

Los ejercicios que mantienen el tono muscular del suelo pélvico de la mujer y que favorecen su flexibilidad previenen la incontinencia por estrés, ayudan a evitar el doloroso prolapso uterino e incrementan el placer durante las relaciones sexuales (estos músculos quedan especialmente flácidos después del parto). Estos ejercicios pueden realizarse a diario, en poco tiempo y en cualquier lugar –esperando el autobús, por ejemplo. Simplemente se contraen los músculos, se mantiene la contracción unos minutos y se relajan. Otro útil ejercicio consiste en detener el flujo de orina durante la micción y en contenerlo unos segundos antes de continuar.

Síntomas y enfermedades más frecuentes relacionados con problemas de los órganos de la reproducción

Síntomas Sensibilidad dolorosa, dolor mamario, cese de la menstruación, sangrado irregular, secreción vaginal, shock, fiebre, cambios de humor, tumoraciones, impotencia

Enfermedades Fibromas, enfermedad inflamatoria pélvica, endometriosis, shock tóxico, prolapso uterino, infertilidad, vaginitis, SPM, embarazo ectópico, hidrocele (problema urogenital en el hombre), varicocele (engrosamiento de las venas del escroto en el hombre), orquitis (inflamación testicular), quistes epididimales, cáncer, SIDA

Enfermedades de hígado, riñones y vejiga

Disfunción hepática

Debes buscar...
1 Coloración amarillenta de la piel de las manos y de las uñas.
2 Línea de la salud quebrada.

Acción
- La planta *fumaria* estimula la secreción de bilis; la hierba hepática purifica la sangre; la centaura alivia el dolor de hígado y bazo; y el diente de león tonifica un hígado de función lenta.
- Nat. Sulph. se recomienda en trastornos de hígado y vesícula biliar y Kali. Sulph. para estimular una función hepática perezosa.

Remedios rápidos

Beber un vaso de agua caliente con unas gotas de zumo de limón recién exprimido por la mañana, antes de nada, hace que tu organismo, y especialmente tu hígado, se ponga en marcha partiendo de un buen comienzo.

Problemas urinarios

Se incluyen en esta categoría los problemas de riñón y vejiga.

Debes buscar...
1 Un monte de la Luna cruzado por finas líneas.
2 Una cicatriz amarillenta o una pequeña acumulación de piel dura similar a una callosidad en el lado externo de la línea de la vida.
3 Una línea vertical que discurre hacia abajo, a un lado del monte de Mercurio. *(Continúa en pág. 122)*

Los cuatro tipos de manos

He aquí un perfil de salud y una guía de tratamiento para los cuatro tipos principales de manos.

Mano de tierra

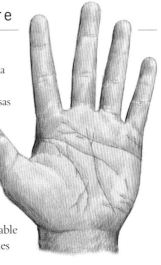

Evita:

- el estrés que producen los hábitos irregulares
- la tensión nerviosa
- el aumento de peso
- la indolencia física y la autoindulgencia
- las actitudes negativas

Refuerza:

- el ejercicio y el aire puro
- las actividades al aire libre
- un estilo de vida ordenado
- una buena rutina de sueño
- una actitud positiva
- una dieta sana

Acción

El calcio es el mineral asociado a la mano de tierra y es esencial para muchos aspectos de la salud, desde unos dientes fuertes hasta una eficaz coagulación de la sangre y un buen tono muscular.

- Entre las sales tisulares: Calc. Fluor., Calc.Phos., Calc. Sulph. Otros suplementos minerales son el ascorbato de calcio, que se combina con Vitamina C para una más fácil absorción, el aspartato de calcio y el gluconato de calcio.
- El quelpo es una rica fuente de calcio; también lo son los productos lácteos, las almendras, las sardinas y los boquerones (de los que se comen también los huesos).
- El magnesio y la vitamina D contribuyen a la absorción y a la utilización del calcio.
- La violeta, la rosa, las uvas, el sauce y la consuelda se asocian a la categoría de mano de Tierra.

Mano de aire

Evita:

- quedar atrapado en la rutina
- hacer demasiadas cosas a la vez
- la tención nerviosa
- el agotamiento mental

Refuerza:

- el intercambio saludable de noticias e imágenes
- la flexibilidad en los hábitos
- la actividad intelectual
- el ejercicio físico regular

Acción

La persona con un tipo de mano de aire se halla sujeta a una demanda incesante por parte de su mente y de su sistema nervioso, de manera que es muy conveniente que tenga en cuenta el magnesio —el gran relajante de los nervios— cuando se sienta decaída.

- Entre las sales tisulares, Mag. Phos. es el restaurador nervioso. Otros suplementos minerales pueden ser el ascorbato de magnesio, que se combina con vitamina C para una más fácil absorción, el aspartato de magnesio y el gluconato de magnesio.
- El quelpo es una buena fuente de magnesio, como también lo son los frutos secos y los cereales.
- La lavanda, la mejorana, la menta, el fresno y la flor de saúco se asocian a la categoría de aire.

Mano de fuego

Evita:

- cualquier sobrecarga mental o física
- los alimentos muy pesados o especiados
- demasiado alcohol u otros estimulantes
- cambios de humor repentinos
- las prisas, las acciones precipitadas que pueden conducir a accidentes
- dejar las cosas para el último minuto
- ganar peso

Refuerza:

- la paz y la armonía (con yoga, por ejemplo)
- las modalidades de ejercicio regular en las que puedas canalizar energías
- un ritmo uniforme en el trabajo y en casa

Acción

El potasio es un mineral particularmente asociado a las personas con un tipo de mano de fuego, física y mentalmente. Mantiene los músculos tonificados y alimenta los nervios.

- Entre las sales tisulares: Kali. Mur., Kali. Phos. y Kali. Sulph.. También el gluconato y el aspartato de potasio.

- El pescado y el quelpo son buenas fuentes de potasio, del mismo modo que los plátanos, las pasas, los dátiles, los aguacates, las zanahorias, la col y las espinacas.
- La infusión de menta piperita, el lúpulo, la cebolla, el puerro, el romero, la salvia, el diente de león y las borrajas se asocian a la categoría del fuego.

Mano de agua

Evita:

- el estrés de una actitud competitiva
- los cambios de humor, especialmente la melancolía
- la represión de emociones
- los miedos irracionales o muy imaginativos
- la evasión a través de las drogas y el alcohol
- la negatividad

Refuerza:

- la expresión de sentimientos
- la paz y la armonía en casa y en el trabajo
- la confianza a través del desarrollo de las propias aptitudes
- el abordaje racional de los problemas
- los deportes suaves, como la natación
- el equilibrio y la moderación

Acción

Por su conexión con el agua, el sodio es el mineral responsable del mantenimiento del equilibrio del agua en el organismo. No obstante, el cloruro de sodio, o sal de mesa, es excesivo en la dieta occidental, de modo que en la actualidad quizá convendría reducirlo. El sodio es esencial para los procesos digestivos, la

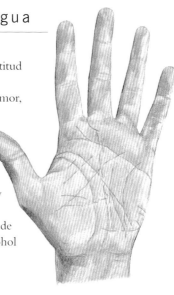

neutralización de ácidos —ayuda a prevenir las enfermedades reumáticas—, la regulación glandular y el funcionamiento nervioso. Por tanto, es útil para las personas de tipo agua, con tendencia a padecer molestias digestivas, reúma, cefaleas, náuseas, apatía y desánimo, ojos llorosos y alergias.

- Sales tisulares: Nat. Mur., Nat. Phos. y Nat. Sulph.
- La deficiencia de sodio es actualmente infrecuente en Occidente, pero cabe decir que entre los alimentos con una concentración elevada se cuentan los quesos y las aceitunas verdes.
- La verbena, el estragón, el hamamelis y el geranio se asocian a la categoría del agua.

Acción

- Una infección renal puede causar, a largo plazo, una grave lesión de riñones. En caso de sospecha, consultar a un médico inmediatamente.
- El diente de león y la ortiga son hierbas diuréticas que se utilizan para depurar el organismo; la herniaria alivia la inflamación de las vías urinarias; la utricularia se ha utilizado como remedio para los trastornos de la vejiga.
- De las sales tisulares, Ferr. Phos., Nat. Mur. y Mag.Phos. se emplean para la incontinencia por estrés; y de nuevo las tres, junto con Kali. Phos. y Kali. Mur., para el tratamiento de la cistitis; Calc. Phos., para evitar la micción involuntaria durante el sueño.
- El yogur probiótico, ingerido o aplicado externamente, alivia y calma la irritación que acompaña a la candidiasis y ayuda a restablecer el equilibrio de bacterias saludables y a prevenir la enfermedad.

- El zumo de arándanos, tomado varias veces al día, ayuda a desacidificar las vías urinarias y alivia numerosas molestias de la vejiga y de las vías urinarias.

Síntomas y enfermedades más frecuentes relacionados con los órganos excretores

Síntomas Dolor o sangre durante la micción, color amarillento de piel u ojos, dolor abdominal, náuseas, incontinencia, sed excesiva, micción frecuente, retención de líquido

Enfermedades Cistitis, enfermedad de Bright, hepatitis, ictericia, cálculos biliares, nefritis, diabetes, cirrosis

Lectura de los signos principales: órganos excretores

Un tono amarillo de piel que nada tenga que ver con la etnia de la persona ni con haber tomado baños de sol, junto con un color intensamente amarillo de los lechos ungueales, denota disfunción hepática.

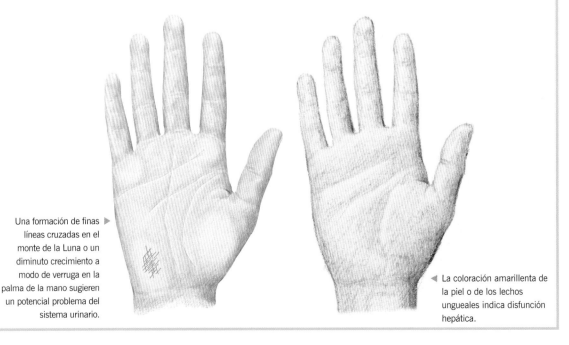

Una formación de finas líneas cruzadas en el monte de la Luna o un diminuto crecimiento a modo de verruga en la palma de la mano sugieren un potencial problema del sistema urinario.

La coloración amarillenta de la piel o de los lechos ungueales indica disfunción hepática.

Enfermedades del corazón y de la sangre

Anemia

Debes buscar...

1 Unas manos de piel muy pálida o blanca constituyen una primera pista.
2 Al extender los dedos, las líneas se ven pálidas o incluso se tornan blancas. La exposición a agentes químicos puede ser el motivo, de modo que hay que descartar antes esta posible causa. Por otro lado, las líneas pueden tener un aspecto pálido tras la menstruación, por la pérdida de hierro con el flujo menstrual.

Acción

• Si te sientes demacrada tras cada menstruación, intenta evitar las pastillas de hierro (salvo por prescripción médica), pues pueden causarte molestias estomacales e intestinales. En su lugar, considera fortalecer la sangre tomando lo siguiente:
– Alimentos ricos en hierro, como verduras de hoja verde, hígado, melazas, pescado y marisco, pasas y frutos secos.
– Complejo de vitamina B, particularmente B_{12}.
– Vitamina C para contribuir a la absorción de hierro.
• Los vegetarianos son muy propensos a las deficiencias de hierro, porque su dieta excluye la carne y los lácteos. Aumentar su ingesta de productos a base de soja, melazas, frutos secos y verduras de hoja verde ayuda a restablecer el equilibrio.
• Se recomiendan las sales tisulares Calc. Phos y Ferr. Phos.
• Como remedios herbales, se utilizan la alfalfa y la ortiga.

Problemas circulatorios y cardiacos

Estos problemas son numerosos y muy diversos, desde presión arterial alta hasta cardiopatías, pasando por angina de pecho y arteriosclerosis. Los trastornos pueden ser genéticos o congénitos (revelados a menudo por anomalías en los patrones de crestas cutáneas) o tener su causa en una dieta deficiente, por el estilo de vida, factores ambientales o el desgaste general que produce el paso de los años. Muchas marcas presentes en las manos revelan tendencia a problemas cardiovasculares.

Debes buscar...

Son indicadores:

1 Uñas cortas, a menudo triangulares o con forma de concha –tendencia a presión arterial alta.
2 Indicadores cutáneos: tener más espirales que la media en las yemas de los dedos y en el borde de percusión de la palma un trirradio axial desplazado hacia arriba, hacia la línea del corazón.
3 Ciertos aspectos de la línea del corazón: una línea con imagen de cadena en gran parte de su recorrido; una sola línea pequeña y débil, sin desdibujarse ni formar islas ni cadenas al entrar en la palma por el borde de percusión; una marcada interrupción de la línea; una estrella sobre la línea (puede indicar un accidente cerebrovascular); dos largas ramas que arrancan de la línea y descienden hasta el monte de la Luna (posible indicador de accidente cerebrovascular); una isla grande y azul en la línea, a la altura de los dedos anular o meñique. Justo antes o después de un ataque al corazón pueden aparecer pequeños nódulos duros alrededor de la línea del corazón, por debajo del dedo anular.
4 Una estrella en la línea de la cabeza (tal vez un ictus).
5 Yemas de los dedos bulbosas o con forma de porra.
6 Color azulado de uñas y piel.
7 La línea simiesca sugiere una predisposición genética o congénita.
8 Yemas de los dedos anulares intensamente marcadas por líneas verticales –posible presión arterial elevada.
9 Manos muy rojas o líneas de un color rojo no natural –posible presión arterial elevada.
10 Manos y yemas de los dedos frías indican mala circulación.
11 Las líneas blancas horizontales que surcan las uñas se asocian a cardiopatías.
12 Un monte de Júpiter dominante indica siempre un gran apetito por alimentos sabrosos y bebidas fuertes –que a menudo provocan problemas cardiacos.

Acción

Respetar una buena alimentación, evitando especialmente la sal y reduciendo la ingesta de alcohol, hacer ejercicio, perder posiblemente peso y dejar de fumar son pautas esenciales para mantener una buena circulación y un corazón sano. Las investigaciones sugieren que la ingesta regular de los siguientes productos ayuda a mantener un corazón sano y puede prevenir la aparición de enfermedades:

• Se dice que los comprimidos diarios de ajo o el ajo en la alimentación bajan la presión arterial.
• Aceite de pescado.
• GLA (ácido gamma linolénico), especialmente si concentrado en aceite de onagra.
• Reducción de grasas saturadas e incremento de grasas mono o poliinsaturadas.

• En cuanto a las plantas se recomienda la genista para la presión arterial baja; el extracto de bambú para la aterosclerosis; el gugulón para el colesterol alto; y el ginkgo biloba para activar la circulación.
• Se dice que las sales tisulares Kali. Phos., Calc. Phos. y Calc. Fluor activan la circulación.
• La sal tisular Silica, aunque de acción lenta, tiene fama de fortalecer las paredes arteriales y conferirles mayor elasticidad.
• La vitamina E o tocoferol parece contribuir a mantener una circulación sana y una presión arterial constante. Pero las personas con hipertensión han de tener precaución cuando empiezan a tomar esta vitamina, pues puede tener efectos adversos si se toma de repente a dosis demasiado altas. Se ha de comenzar por una dosis muy baja, no superior a 100 UI al día, e ir aumentando lentamente hasta un máximo de 400 UI

Lectura de los signos principales: el corazón y la sangre

Una cifra elevada de espirales en las yemas de los dedos se ha asociado a tendencia a presión arterial alta y a cardiopatías.

▼ Una coloración marcadamente azulada, roja o blanca de la piel constituye una pista de irregularidades del sistema cardiovascular.

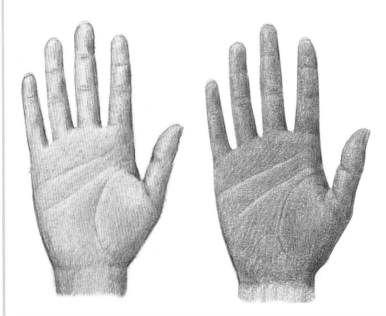

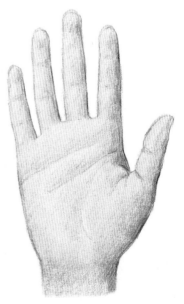

Síntomas y enfermedades más frecuentes relacionados con problemas circulatorios

Síntomas Fatiga, mareo, dificultad respiratoria, sensación de hormigueo en las extremidades, palpitaciones, sudoración excesiva, cefalea, tensión en el pecho, ardor, dolor bajo en el lado izquierdo del cuerpo

Enfermedades Toxemia, presión arterial alta o baja, angina de pecho, arteriosclerosis, cardiopatía

Remedios rápidos

Los estudios han puesto de manifiesto que la meditación puede ayudar a reducir la presión arterial alta. Dedicar apenas quince minutos al día a tener pensamientos serenos puede suponer una enorme diferencia para nuestro organismo. Intenta encontrar un lugar tranquilo, siéntate cómodamente e imagina, por ejemplo, que estás en un bonito jardín. Saborea los detalles, relaja los hombros, respira rítmicamente y siente cómo se disipan todas tus preocupaciones.

▬ · ▬ · ▬ · ▬ Ángulo normal
▬ · ▬ · ▬ · ▬ Ángulo que puede denotar un problema

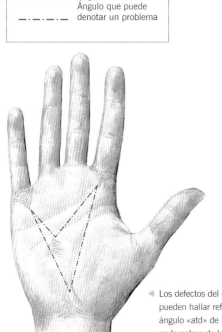

◀ Los defectos del corazón pueden hallar reflejo en el ángulo «atd» de los trirradios en la palma de la mano, que será más amplio.

▲ Una uña con forma de abanico es un signo de que el organismo se encuentra sometido a estrés.

▼ Una línea del corazón mal dibujada o una estrella en la línea de la cabeza a la altura del dedo anular puede indicar un problema de corazón o de riego sanguíneo.

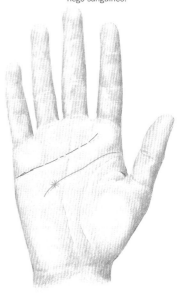

Homeopatía

La homeopatía es un sistema terapéutico que persigue el restablecimiento de la armonía del organismo. Dado que las marcas existentes en las manos constituyen excelentes indicadores de un potencial desequilibrio, puede ser una terapia ideal para utilizar conjuntamente al estudio de la mano, bien como medida preventiva, bien como medida reparadora.

Lo similar cura lo similar

La homeopatía estimula las fuerzas naturales de recuperación del organismo y las estimula para la autocuración. El término procede de las palabras griegas *homoios*, que significa «similar», y *patheia*, que significa «enfermedad» o «sufrimiento», y el organismo funciona según el principio de «lo similar cura lo similar». Básicamente lo que esto significa es que una sustancia que, cuando se administra a personas sanas, produce determinados síntomas, puede administrarse para contribuir a la recuperación de un paciente cuya enfermedad muestra síntomas similares a los observados en personas sanas. Por ejemplo, todos sabemos que la ortiga produce una reacción de picor y quemazón en la piel. Resulta interesante que a una persona que tiene una enfermedad que le produce picor y ampollas en la piel pueda administrársele, como remedio, un preparado homeopático de *Urtica urens* (una decocción a base de ortiga).

La homeopatía es un método holístico, dado que aborda no solo los síntomas y las enfermedades, sino la persona en conjunto. Sus remedios están constituidos principalmente por extractos vegetales y minerales, si bien algunos se basan en materiales biológicos y metales específicos. Las sustancias medicinales utilizadas están muy diluidas pero, aun en dosis tan mínimas, pueden ser enormemente eficaces, con efectos secundarios muy infrecuentes.

Origen

Aunque los principios en los que se basa la curación de «lo similar con lo similar» fueron identificados por Hipócrates ya en el siglo V a. C., los orígenes del sistema moderno deben buscarse en el doctor Samuel Hahnemann, médico alemán que vivió y trabajó en el siglo XX. Descubrió que, cuando tomaba corteza de quina o cinchona, esta le producía síntomas similares a los de la malaria, lo que le pareció curioso, habida cuenta de que la chinchona (más tarde conocida como quinina) era el fármaco administrado a los pacientes para tratar la malaria.

Remedios sugeridos

Aunque existen varios miles de remedios homeopáticos, he aquí algunos que cualquier profesional de la homeopatía podría recomendar para combatir posibles enfermedades clínicas identificadas a partir de determinadas marcas en las manos. Observa que el mismo remedio puede ser utilizado para diferentes dolencias, pues los remedios homeopáticos tratan a la persona en conjunto, no la enfermedad.

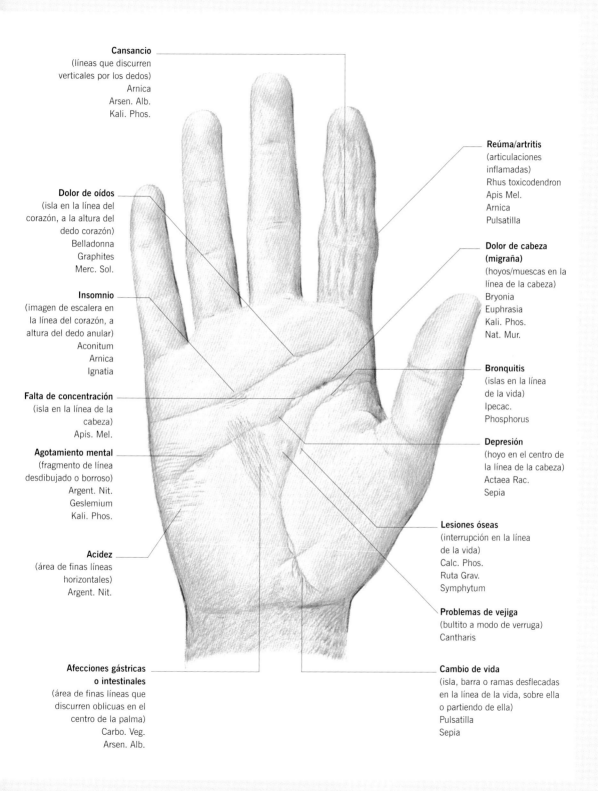

Cansancio
(líneas que discurren
verticales por los dedos)
Arnica
Arsen. Alb.
Kali. Phos.

Dolor de oídos
(isla en la línea del
corazón, a la altura del
dedo corazón)
Belladonna
Graphites
Merc. Sol.

Insomnio
(imagen de escalera en
la línea del corazón, a
altura del dedo anular)
Aconitum
Arnica
Ignatia

Falta de concentración
(isla en la línea de la
cabeza)
Apis. Mel.

Agotamiento mental
(fragmento de línea
desdibujado o borroso)
Argent. Nit.
Geslemium
Kali. Phos.

Acidez
(área de finas líneas
horizontales)
Argent. Nit.

**Afecciones gástricas
o intestinales**
(área de finas líneas que
discurren oblicuas en el
centro de la palma)
Carbo. Veg.
Arsen. Alb.

Reúma/artritis
(articulaciones
inflamadas)
Rhus toxicodendron
Apis Mel.
Arnica
Pulsatilla

**Dolor de cabeza
(migraña)**
(hoyos/muescas en la
línea de la cabeza)
Bryonia
Euphrasia
Kali. Phos.
Nat. Mur.

Bronquitis
(islas en la línea
de la vida)
Ipecac.
Phosphorus

Depresión
(hoyo en el centro de
la línea de la cabeza)
Actaea Rac.
Sepia

Lesiones óseas
(interrupción en la línea
de la vida)
Calc. Phos.
Ruta Grav.
Symphytum

Problemas de vejiga
(bultito a modo de verruga)
Cantharis

Cambio de vida
(isla, barra o ramas desflecadas
en la línea de la vida, sobre ella
o partiendo de ella)
Pulsatilla
Sepia

Estrés y enfermedades del sistema nervioso

Depresión

Este término cubre multitud de trastornos, desde grave enfermedad mental hasta simple decaimiento. Si bien es natural pasar por altibajos en el estado de ánimo y por momentos de absoluto abatimiento, la verdadera depresión «clínica» es una enfermedad médica que puede durar mucho tiempo y afectar gravemente a la calidad de vida de la persona que la padece y de quienes viven con ella.

Debes buscar...

1 La presencia de islas en la línea de la cabeza suele denotar momentos de preocupación y ansiedad, que pueden desembocar en un periodo de depresión.
2 Quizá uno de los mejores indicadores de un episodio de depresión es un hoyo en la línea de la cabeza, de cuyo vértice brota una diminuta rama hacia abajo.
3 Una línea de la cabeza marcadamente curva, que discurre hasta adentrarse en el monte de la Luna, sugiere una mentalidad hiperactiva, con una imaginación en ocasiones desbordante.
4 Una «mano llena» revela tendencia a la hipersensibilidad y a estados neuróticos.
5 Una línea de trauma intensa que cruza la línea de la vida y continúa hacia arriba hasta cortar también las demás líneas principales representa un contratiempo importante, que puede conducir a depresión. Cuanto más profunda, más fuerte y más larga es la línea, mayor impacto tiene en la persona el episodio traumático.
6 Un monte de Saturno muy desarrollado es con frecuencia un signo de predisposición a la depresión, la melancolía y los cambios de humor.
7 Líneas profundas que discurren hacia arriba desde la base de los dedos denotan cansancio crónico, que a menudo da lugar a sensación de abatimiento.
8 Las líneas horizontales que surcan las yemas de los dedos indican problemas personales. Pueden también confirmar otras marcas de depresión observadas en la mano y apuntar al origen del trastorno.

9 Líneas verticales que recorren las últimas falanges denotan una actividad hormonal que puede desencadenar notables cambios de humor.

Acción

- Vitamina C
- Complejo de aminoácidos
- Magnesio y vitamina B6 (una deficiencia puede ser un factor que contribuye a la depresión)
- Exposición a la luz para quienes padecen el síndrome de trastorno afectivo estacional (TAE).
- Amapola de California por sus propiedades sedantes; ginseng como estimulante y tónico; infusión de valeriana para la histeria, el agotamiento nervioso y la agitación; infusión de borrajas, o sus flores, como energizante.
- Las sales tisulares Kali. Phos., Calc. Phos. y Nat. Mur.
- Remedios florales de Bach: Genciana, Castaño dulce y Aulaga.

Trastornos nerviosos

Se trata de una categoría muy amplia, que incluye todo tipo de estados nerviosos, agitación, ansiedad y neurosis.

Debes buscar...

1 Una «mano llena», cubierta de líneas.
2 Una palma de la mano delgada y de forma oblonga, con dedos largos y delgados y un pulgar de aspecto débil.
3 Un monte de Mercurio muy desarrollado y con mucha líneas.
4 Una prominencia alta en el borde de percusión, directamente bajo el dedo meñique, indica una mentalidad hiperactiva e inquieta.
5 Una línea de la cabeza larga y curvada que se adentra en profundidad en el monte de la Luna denota un temperamento muy imaginativo, propenso a la neurosis.
6 Una serie de finas líneas horizontales que cortan la línea de la vida denotan una personalidad ansiosa.

7 La línea simiesca se asocia a profunda tensión interior.

8 Uñas en forma de cuña o de abanico, que se estrechan hacia la base.

Acción

Véanse las sugerencias del apartado «Depresión» (a la izquierda), y además:

- Yoga, meditación, relajación, técnicas de respiración profunda, reflexología, acupuntura y aromaterapia pueden tener un efecto calmante.
- Se recomiendan las sales tisulares Mag. Phos. y Kali. Phos. como restauradores nerviosos.
- Infusiones herbales de efecto calmante como la manzanilla; la flor de la pasión, la valeriana y el lúpulo son otros sedantes naturales.
- Entre los remedios florales de Bach, se recomienda el remedio Rescate.

Trastornos del sueño

Debes buscar...

1 Una serie de pequeñas líneas a modo de escalera por debajo de la línea del corazón, a la altura del dedo anular. Esta marca revela que el patrón de sueño de la persona está alterado y puede sugerir que el sistema nervioso se halla también sometido a tensión.

2 Líneas verticales que discurren hacia arriba en las dos primeras falanges de los dedos.

Acción

- Es posible que exista una deficiencia de calcio o un desequilibrio calcio/magnesio.
- Una infusión de manzanilla antes de acostarse.
- Kali Phos. puede resultar de ayuda si el nerviosismo o la agitación dan lugar a un tipo de sueño no reparador; Nat. Sulph y Nat. Mur. pueden ayudar si, tras dormir, la persona no se despierta con energías renovadas.
- Bebidas lácteas antes de acostarse para inducir un sueño más relajado.

Estrés

Debes buscar...

1 Líneas horizontales que atraviesan las yemas de los dedos. Dado que cada dedo gobierna un aspecto específico de la vida, una mayor concentración de estas «líneas blancas» en un dedo en particular apunta a la causa subyacente del problema.

2 Una sola isla en la línea de la cabeza, a la altura del dedo corazón, pone de manifiesto que la persona no es capaz de afrontar una presión elevada y debería evitar situaciones que suponen una excesiva demanda.

3 Un sector de la línea de la cabeza de aspecto encrespado denota un periodo potencialmente estresante, en el que el individuo se encuentra sujeto a una mayor demanda mental. La duración de este periodo puede determinarse en la propia línea.

4 El estrés a largo plazo puede ser causa de interrupción de las crestas cutáneas. Resulta más fácil identificar este detalle en una huella impresa que a simple vista. Esa interrupción es un aviso de que la constitución general se encuentra debilitada y de que, en ese momento, es más vulnerable a la enfermedad. Cuando la constitución se recupera, las crestas se recomponen bastante rápidamente, dando lugar a líneas normales, largas y continuas.

Síntomas y enfermedades más frecuentes relacionadas con el estrés

Síntomas Ansiedad, ataques de pánico, insomnio, cansancio, falta de energía, sudoración, sofocos, temblor, palpitaciones, diarrea, náuseas, debilidad, picor de piel, cosquilleo, ira, irritabilidad, adicciones, escaso deseo sexual, depresión

Enfermedades Tensión nerviosa, crisis nerviosas, molestias estomacales, úlceras gástricas, dolores de cabeza, migrañas, afecciones de la piel (psoriasis, eccema, erupciones), aumento o pérdida repentina de peso, artritis, mala circulación sanguínea, presión arterial alta, problemas menstruales, dolor en el pecho

Acción

- Kali. Phos. ayuda a relajar el sistema nervioso; Mag. Phos. relaja los nervios tensos, especialmente si el estrés produce dolor de cabeza.
- Una infusión de manzanilla es un excelente relajante y calmante para los nervios, como lo son las cápsulas de hierba gatera, melisa y flor de la pasión.

Cansancio

Debes buscar...

1 Líneas profundas que recorren verticalmente las dos primeras falanges de los dedos.
2 Una serie de pequeñas líneas a modo de escalera sobre la línea del corazón, a la altura del dedo anular, revela que el patrón de sueño está alterado.
3 Líneas que se muestran blancas cuando los dedos se encuentran extendidos son un signo de anemia

Remedios rápidos

Si vas a salir por la noche después de un duro día de trabajo y te sientes cansado, siéntate bajo una lámpara con una bombilla roja durante cinco minutos para recargar baterías –utiliza luz naranja si tienes la presión arterial alta.

por deficiencia de hierro, una causa frecuente de cansancio.

Acción

- Las sales tisulares Mag. Phos., Ferr. Phos. y Kali. Phos.
- Cuando se sospecha una deficiencia de hierro, seguir las sugerencias propuestas en el apartado «Anemia» (v. pág. 123).
- Remedio floral de Bach: Oliva.

Lectura de los signos principales: el sistema nervioso

Un indicador clásico de trastorno nervioso es una palma de la mano cubierta por una telaraña de líneas.

◀ Una «mano llena» indica que el estrés ha llegado en la persona a un punto de crisis.

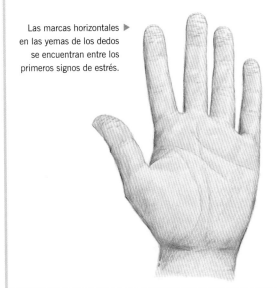

Las marcas horizontales ▶ en las yemas de los dedos se encuentran entre los primeros signos de estrés.

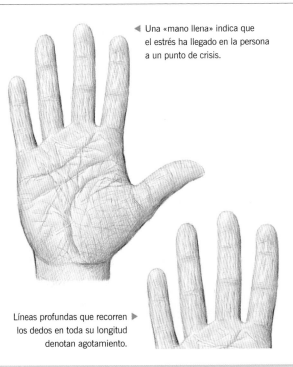

Líneas profundas que recorren ▶ los dedos en toda su longitud denotan agotamiento.

Pérdida de memoria

Son muchas y muy diferentes las enfermedades que pueden alterar la memoria. Los periodos de mente olvidadiza son normales en cualquier momento de la vida, especialmente en etapas de estrés, pero la causa más frecuente es la lenta erosión debida a la edad.

Debes buscar...

La pérdida de memoria clínica, causada bien por una lesión bien por una enfermedad del cerebro o del sistema nervioso (como la demencia), puede quedar registrada en la mano por un adelgazamiento de la línea de la cabeza y por la presencia de flecos hacia el final de la misma. En algunos casos, es posible que la línea languidezca a medida que baja hacia el monte de la Luna y puede mostrar una imagen de cadena o aparecer desdibujada o incluso fragmentada.

Acción

- Entre los minerales y las sales tisulares utilizados como remedios se encuentran enl cinc, Calc. Fluor. y Silica.
- Los preparados de fitoterapia para estimular la memoria y la concentración incluyen ginseng, Schisandra y cápsulas de polen. Estas últimas se recomiendan sobre toda para los ancianos.
- Los ejercicios de mente que incluyen técnicas de nemotecnia pueden ayudar a mejorar la retentiva y la recuperación de información almacenada en la memoria.

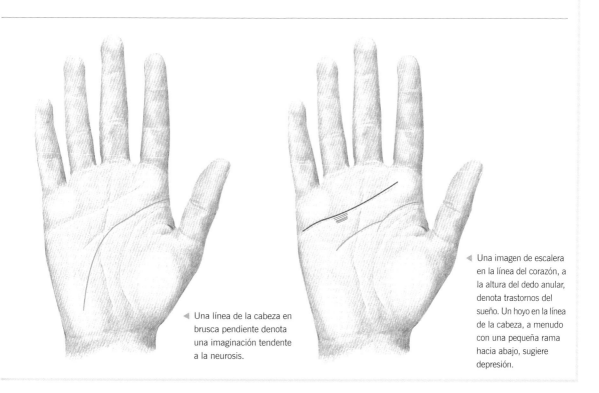

◀ Una línea de la cabeza en brusca pendiente denota una imaginación tendente a la neurosis.

◀ Una imagen de escalera en la línea del corazón, a la altura del dedo anular, denota trastornos del sueño. Un hoyo en la línea de la cabeza, a menudo con una pequeña rama hacia abajo, sugiere depresión.

Enfermedades de articulaciones, músculos y huesos

Dolor de espalda

El dolor de espalda es un problema complejo, pues puede deberse a diversos trastornos, como lesiones, desgaste general, dolor referido a partir de otras áreas, factores congénitos o incluso problemas psicológicos (como baja autoestima, que puede llevar a la gente a adoptar posturas que resultan perjudiciales).

Debes buscar...

El principal indicador de un problema en la espalda o la columna es la presencia de una isla a mitad de camino en la línea de la vida.

Acción

- Las vitaminas del complejo B, la vitamina C y el calcio pueden resultar de ayuda en ciertas enfermedades.
- Entre las sales tisulares, Ferr. Phos, actúa sobre las distensiones, los esguinces y la rigidez muscular en la parte alta de la espalda, es decir hacia el cuello. Para la dorsalgia y la lumbalgia puede utilizarse la combinación G, que incluye Calc. Fluor., Calc. Phos., Kali Phos y Nat. Mur.

Remedios rápidos

Realiza el siguiente ejercicio de yoga de «torsión» para mantener la espalda flexible, al mismo tiempo que ejercitas la cintura. Siéntate en el suelo con la espalda recta, los pies juntos y las piernas estiradas hacia delante. Coloca la mano izquierda firmemente sobre el suelo detrás de ti y deja que soporte tu peso. Eleva la pierna derecha y pásala por encima de la pierna izquierda, colocando el pie derecho en el suelo, junto a la drodilla izquierda. Ahora gira el cuerpo tanto como puedas hacia la izquierda, de manera que quedes mirando por encima de tu hombro izquierdo.
Mantén la posición hasta contar diez; después vuelve a la posición recta y repite hacia el otro lado.

Enfermedades reumáticas

Se incluyen entre ellas el reúma, la gota, la artrosis y la artritis reumatoide. La principal característica de estas enfermedades es la inflamación dolorosa de articulaciones como los nudillos, a veces con grave deformación.

Debes buscar...

1 Articulaciones inflamadas. En la forma más incapacitante de artritis reumatoide, los nudillos pueden mostrarse deformados y los dedos torcidos.
2 Un signo temprano de predisposición al reúma en general puede ser la observación de un velo o conjunto denso de finas líneas que cortan el patrón de crestas cutáneas) en el borde de percusión. Cuando aparecen en este punto, justo por debajo de la línea del corazón, sugieren una acumulación de acidez, que puede estar implicada en el desencadenamiento o agravamiento de los trastornos reumáticos.
3 Marcados surcos verticales en las uñas.
4 Falanges basales muy llenas denotan una dieta deficiente, aspecto que puede ser un factor agravante. Si la base del dedo índice es particularmente grande, puede ser un indicador de predisposición a los problemas reumáticos.
5 Un monte de la Luna grande y muy marcado, con muchas líneas.

Acción

- Sales tisulares: Silica y Nat. Phos.
- Aceite de hígado de bacalao.
- Vitamina C.
- Numerosos preparados de fitoterapia tienen propiedades antiinflamatorias y, por consiguiente, pueden resultar beneficiosos en estas enfermedades.
- La uña de diablo y la resina de bambú ayudan a aliviar el dolor articular y a restablecer cierta movilidad.
- Introduce cambios en la dieta si tus falanges basales son muy regordetas.

Síntomas y enfermedades más frecuentes relacionados con huesos y articulaciones

Síntomas Dolor o rigidez en las articulaciones, hinchazón e inflamación, sensación de calor en las articulaciones, tendones dolorosos, nervio atrapado, deformación de los dedos, huesos frágiles

Enfermedades Hernia de disco, ciática, fibromialgia, osteoporosis, osteoartritis, artritis reumatoide, EM

Lectura de los signos principales: articulaciones y esqueleto

Unos nudillos inflamados denotan una lesión reumática evidente. En los casos graves, los dedos se deforman y pierden movilidad.

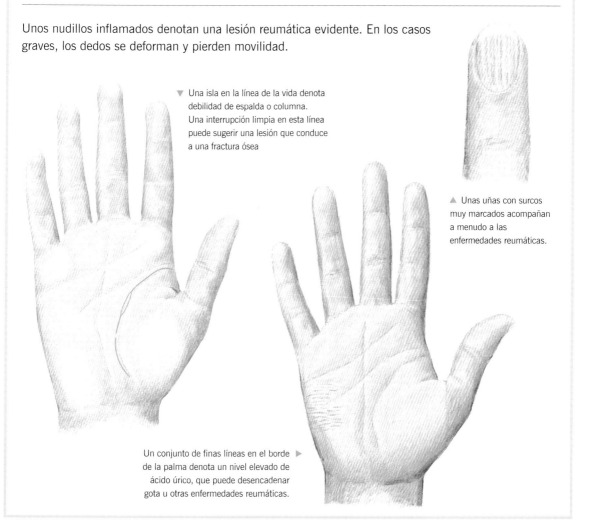

▼ Una isla en la línea de la vida denota debilidad de espalda o columna. Una interrupción limpia en esta línea puede sugerir una lesión que conduce a una fractura ósea

▲ Unas uñas con surcos muy marcados acompañan a menudo a las enfermedades reumáticas.

Un conjunto de finas líneas en el borde ▶ de la palma denota un nivel elevado de ácido úrico, que puede desencadenar gota u otras enfermedades reumáticas.

Salud general y vitalidad

Desequilibrios y deficiencias nutricionales

Los signos de deficiencias nutricionales se concentran principalmente en las uñas, que son particularmente sensibles a las variaciones en los constituyentes y en el riego sanguíneo. Deficiencias nutricionales repentinas o agudas suelen hallar reflejo en una sola marca en cada uña. Las enfermedades crónicas también pueden afectar a la forma y a la constitución de las uñas. Dado que las uñas tardan una media de seis meses en completar su crecimiento, cualquier marca observada en la uña puede situarse en el tiempo, proporcionando una pista clara del momento en el que ha tenido lugar el incidente o la enfermedad.

Debes buscar…

1 Deformidades, crecimiento irregular, surcos verticales u horizontales o uñas cóncavas o convexas, todo lo cual apunta a deficiencias nutricionales y desequilibrios minerales de algún tipo.

2 Manchas blancas en las uñas indican un desequilibrio de calcio o de cinc.

3 Uñas muy blandas, especialmente si parecen romperse o dividirse con facilidad.

4 Líneas de la palma de la mano que discurren pálidas al tensar los dedos.

5 La interrupción de los patrones de crestas cutáneas indica deficiencias prolongadas, especialmente de vitaminas.

6 Cadenas en las líneas de la vida, de la cabeza y del corazón pueden denotar desequilibrios de minerales.

Lectura de los signos principales: desequilibrios nutricionales

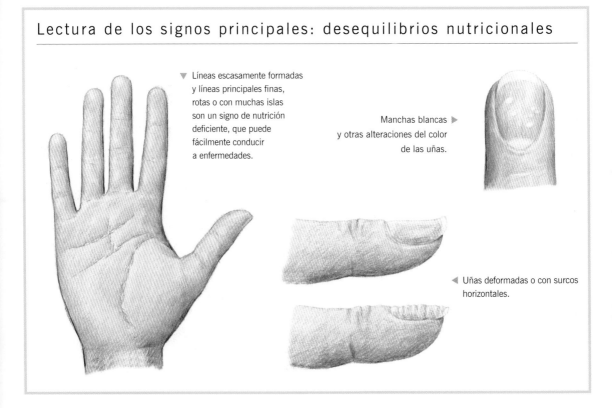

▼ Líneas escasamente formadas y líneas principales finas, rotas o con muchas islas son un signo de nutrición deficiente, que puede fácilmente conducir a enfermedades.

Manchas blancas ▶ y otras alteraciones del color de las uñas.

◀ Uñas deformadas o con surcos horizontales.

Síntomas y enfermedades más frecuentes relacionados con los desequilibrios nutricionales

Síntomas Falta de energía, dolor de cabeza, estreñimiento, diarrea, vómitos, pérdida o aumento de peso, hemorroides, intestino irritable

Enfermedades Enfermedad celiaca, enfermedad diverticular, raquitismo, diabetes, cáncer, enfermedades de la vesícula biliar, ceguera nocturna, anemia, detención del crecimiento, insomnio

Acción

Se dice que la probabilidad de graves deficiencias nutricionales en Occidente es baja, porque la mayoría de las personas pueden seguir una dieta equilibrada. Aun así, cualquier analista de las manos observa habitualmente deformidades y marcas en las uñas, lo cual indica que las deficiencias nutricionales están extendidas. Parece ser que los malos hábitos de alimentación, la falta de tiempo y los métodos modernos de producción de alimentos nos roban nutrientes, de modo que mucha gente ha de recurrir a suplementos de vitaminas y minerales. Debido a su interrelación, las vitaminas y los minerales no deben tomarse de manera aislada, pues una cantidad excesiva de un componente puede conducir al agotamiento del otro en el organismo. Un complejo multivitamínico y mineral es quizá la manera más segura de complementar la alimentación en caso necesario (recordando que no se debe superar la dosis establecida), al mismo tiempo que se garantiza el seguimiento de una alimentación completa

Vitalidad

Debes buscar...

1 Montes mullidos y elásticos.
2 Una base de la palma de la mano sólida y bien estructurada (montes de Venus y de la Luna).
3 Líneas intensas y claramente dibujadas, especialmente la línea de la vida.

4 Cuando se hace presión con el pulgar contra el lateral de la palma, por el dorso de la mano, si el músculo en forma de V en la base de la articulación entre el pulgar y la palma es firme y elástico cuando se abomba, entonces la vitalidad y la capacidad de recuperación de la persona son buenas. Si este músculo es flácido o si se produce una depresión en lugar de una prominencia, la constitución de la persona se encuentra debilitada.

Acción:

• Ginseng para estimular la fuerza y la vitalidad; tónicos herbales, como Schisandra, polen, salvia y jengibre.

Lectura de los signos principales: vitalidad general

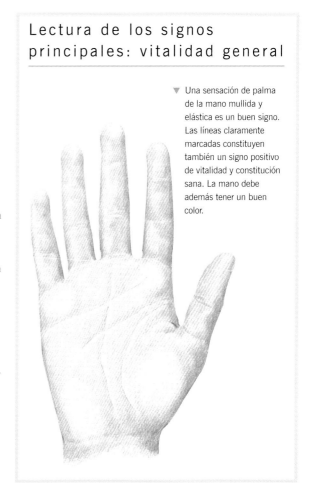

▼ Una sensación de palma de la mano mullida y elástica es un buen signo. Las líneas claramente marcadas constituyen también un signo positivo de vitalidad y constitución sana. La mano debe además tener un buen color.

Reflexología para las manos

La reflexología se basa en la teoría de que los músculos y los órganos internos están conectados con áreas correspondientes en los pies, las manos y las orejas. El cuerpo se puede subdividir en diez áreas, con una línea media que discurre verticalmente por el centro. Las cinco zonas del lado izquierdo del cuerpo tienen sus puntos reflejos en el pie, la mano y la oreja izquierdos, mientras que los del lado derecho tienen sus correspondientes conexiones en las extremidades derechas.

Una alteración en un extremo de la conexión produce un efecto en el otro. El método terapéutico utilizado en reflexología es el masaje. Así, por ejemplo, masajear el área situada debajo de cuarto dedo del pie tiene un efecto curativo sobre los pulmones y las regiones bronquiales (véase ilustración para consultar las correspondencias). Todos los órganos de una misma zona están interrelacionados, de modo que un problema en uno puede suponer que los demás órganos

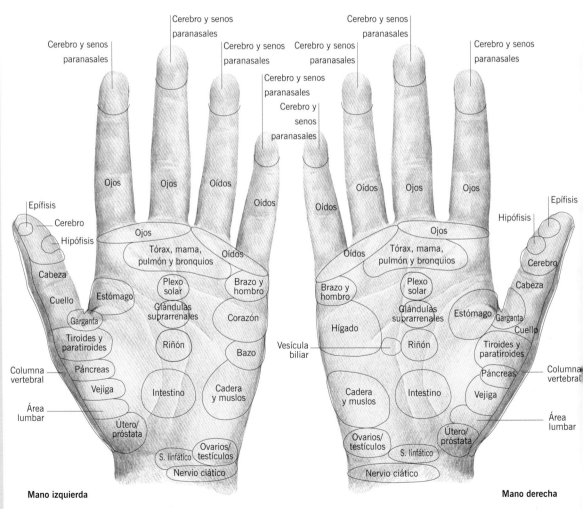

Mano izquierda

Mano derecha

resulten afectados y el tratamiento de uno repercutirá en los demás.

Técnicas de masaje

El masaje de reflexología consiste en la aplicación de presión directa, no demasiado intensa, con el lateral de la yema del pulgar. La presión ha de ser suave, con sutiles movimientos circulares. Cualquier sensación de hormigueo o dolor agudo indica un problema. Se dice que masajear un punto reflejo estimula el órgano correspondiente para que elimine toxinas, restableciendo el equilibrio químico del organismo, ayudando al órgano a autocurarse y favoreciendo la curación en todo el organismo.

La reflexología y las manos

La reflexología suele concentrarse en los pies, pues las manos son menos receptivas, con la gran ventaja de que podemos aplicarnos tratamiento nosotros mismos en cualquier momento y en cualquier lugar, utilizando el pulgar de una mano para masajear la otra.

Con un poco de práctica en seguida encontraremos los puntos correctos, principalmente por su sensibilidad al tacto y es posible incluso que experimentes una sensación física cuando encuentres el punto exacto y empieces a aplicar presión. Algunos reflexólogos mantienen que son capaces de localizar un punto reflejo porque a menudo se encuentra en una pequeña depresión, hasta la que se desliza la yema del pulgar al pasar el dedo por la piel.

Puntos reflejos en las manos

Hay diferencias esenciales entre las manos derecha e izquierda en función de la localización de los órganos. Cuando se trata de músculos u órganos pares, cada uno halla correspondencia en una mano. Cuando los órganos se encuentran en la línea media del cuerpo, tienen conexión con ambas manos.

Correspondencias más frecuentes

He aquí algunos trastornos frecuentes en los que la reflexología puede resultar beneficiosa. Aplícate el tratamiento cuando sientas alguna molestia, o hazlo como rutina diaria para mantener tu organismo limpio.

Estrés y tensión
El estrés a menudo tensa los músculos abdominales e impide la relajación. Masajea los puntos reflejos del plexo solar en ambas manos.

Cansancio mental
Estimula los reflejos cerebrales con las dos yemas de los pulgares.

Problemas respiratorios
Estimula los reflejos pulmonares. Masajear los puntos reflejos de ambas glándulas suprarrenales resulta especialmente útil en caso de asma.

Trastornos digestivos
Masajea los puntos reflejos del intestino y/o el hígado en ambas manos.

Dolor de espalda
Trabaja los puntos reflejos correspondientes a la columna, el cuello y el nervio ciático.

Mala memoria
Estimula los puntos reflejos de las glándulas suprarrenales y del cerebro.

Problemas menstruales
Trabaja sobre los puntos reflejos de la glándula hipofisaria, del ovario y del útero. Las mujeres embarazadas deben previamente consultar a un experto y evitar siempre la reflexología sobre cualquier órgano relacionado con la reproducción.

Resfriado común
Aplica presión sobre los puntos reflejos de los pulmones, del área bronquial, de los senos paranasales, de los riñones y de las glándulas suprarrenales.

Hipertensión (presión arterial alta)
Esta afección debe obviamente ser tratada por un médico, pero la reflexología puede ayudar a detener su desarrollo en un primer momento. Actúa sobre el corazón, los riñones y las glándulas suprarrenales, la tiroides, la paratiroides y el hígado.

Obesidad
Favorece la pérdida de peso tonificando tu sistema digestivo y estimulando una eliminación eficiente de desechos, combatiendo en consecuencia la retención de líquido. Hazlo aplicando presión durante unos minutos al día sobre los puntos reflejos de las glándulas linfáticas, el área intestinal y los puntos reflejos de riñón e hígado

Otras enfermedades

Cáncer

Los signos enumerados a continuación se consideran asociados a la enfermedad (no a entidades concretas, sino en términos generales), si bien existen innumerables excepciones y queda todavía mucho por investigar:

Debes buscar...
1 Líneas de crestas quebradas.
2 Una isla nítida y perfectamente formada en el recorrido de la línea de la vida.
3 Pequeñas áreas de piel amarillentas similares a callosidades en el monte de Venus o de la Luna, o en el borde externo del pulgar, hacia abajo en dirección a la muñeca.

Acción
- La detección temprana y el tratamiento son las mejores opciones para combatir la enfermedad.
- Se considera que la fitoterapia –y una dieta rica en frutas y verduras– ayuda a prevenir el cáncer.
- La teoría de que los productos lácteos podrían contribuir a la aparición del cáncer testicular y de mama se halla actualmente en fase de investigación.

Problemas

Debes buscar...
Los siguientes signos se han de tener en cuenta tanto si los problemas son heredados, como si tienen su causa en una mala dieta o en cualquier otra circunstancia.

1 Diminutas líneas oblicuas justo encima de la línea del corazón, directamente por debajo de la telilla carnosa entre los dedos anular y meñique. (No deben confundirse con los estigmas médicos; v. pág. 35).
2 Una imagen similar a una escalera de pequeños trazos por debajo de la línea del corazón, a la altura de los dedos anular y meñique, sugiere una deficiencia de calcio, que podría afectar a dientes y encías.

Acción
- El calcio es esencial para la salud de los dientes.
- Se recomiendan Calc. Phos. y Calc. Fluor. para las caries y para reforzar el esmalte. La Combinación R, que incluye Calc. Fluor., Calc. Phos., Ferr. Phos., Mag. Phos. y Silica, es conveniente para la formación de dientes sanos, en problemas de dentición, para aliviar el dolor dental y para otros problemas dentales.

Fiebre

Debes buscar...
1 Un monte de Apolo lleno.
2 La fiebre alta a menudo deja un surco horizontal que atraviesa todas las uñas.

Acción...
- La borraja tiene un efecto refrigerante, mientras que el eucalipto puede ser de ayuda en casos intermitentes.
- Se recomienda la sal tisular Ferr. Phos.

Dolores de cabeza y migraña

Debes buscar...
Es posible detectar cierta tendencia a los dolores de cabeza, particularmente a la migraña, si se observan diminutas muescas en la línea de la cabeza. La presencia de grupos de tales muescas denota periodos en los que se concentran un mayor número de ataques.

Acción
- Calcio.
- La matricaria está ganando reconocimiento en círculos de medicina tradicional por su poderoso efecto curativo en los casos de migraña.

Remedios rápidos

El cuarzo rosa tiene efecto calmante y relajante: póntelo en la frente para bajar la temperatura y aliviar el dolor.

Síntomas y enfermedades más frecuentes relacionados con el dolor de cabeza

Síntomas Mareos, luces parpadeantes, náuseas, vómitos, intolerancia a la luz intensa

Enfermedades Estrés grave, fiebre, alergias, depresión, accidente cerebrovascular, presión arterial alta, nefropatía, tumor, anemia, meningitis

- Entre las sales tisulares se recomienda la Combinación F –Kali. Phos., Mag. Phos., Nat. Mur y Silica– para cefaleas y migrañas.
- Se sabe que algunos alimentos, y especialmente el café, el chocolate y el queso, son desencadenantes de ataques de migraña. El seguimiento de un plan de eliminación puede ayudar a descubrir cuál de estos (u otros) alimentos está afectando a la persona.

Lectura de los signos principales: dolores de cabeza y migraña

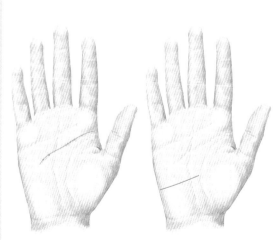

▲ Unos pequeños puntos con forma de cabeza de alfiler a lo largo de la línea de la cabeza son indicadores clásicos de propensión a las migrañas.

▲ La existencia de línea de la alergia también ayuda a arrojar luz sobre la causa del trastorno.

- Muchos dolores de cabeza tienen su causa en tensión en el cuello y en los hombros. La osteopatía y los masajes pueden aliviar problemas de larga duración.

Herpes Simple

Enfermedad vírica que se considera desencadenada y agravada por el estrés.

Debes buscar…

Comienza por cierta irritación en puntos aislados en los dedos, o entre ellos, y en ocasiones en la palma de la mano. La piel afectada se enrojece y posteriormente se desarrollan pequeñas vesículas acuosas.

Cirugía

La existencia de una marca no significa necesariamente que la cirugía sea inevitable, sino simplemente que existe propensión a una enfermedad que puede requerir intervención quirúrgica.

Debes buscar:

1 Ciertas enfermedades que es posible que requieran una intervención quirúrgica se detectan en ocasiones por la presencia de un grupo de líneas que forman una imagen de diamante o de triángulo pegada a la línea de la vida, a unos dos tercios de su recorrido. Este patrón está presente en muchas manos y puede relacionarse con diversos trastornos, como problemas digestivos que afectan a la vesícula biliar, enfermedades de los órganos femeninos de la reproducción que pueden requerir histerectomía, hernia de hiato y trastornos urológicos en los hombres.

2 Una clara interrupción en la línea de la vida. Si dicha interrupción se observa solo en una mano, tal vez existan marcas protectoras mitigadoras que anulan la necesidad de cirugía, como un cuadrado sobre la interrupción o una línea interior secundaria que se superpone, por ejemplo. Si las dos manos muestran la misma interrupción en el mismo punto en el tiempo, la probabilidad de que la cirugía sea necesaria aumenta considerablemente.

Apéndice de terapias complementarias

He aquí un apunte general de las terapias complementarias a las que se hace referencia en esta obra.

Acupresión

La acupresión es un método chino de curación que lleva practicándose desde hace más de 3.000 años y que actúa sobre los «meridianos», canales de energía que recorren nuestro cuerpo formando una red. En un organismo sano el Chi, o energía esencial, fluye libremente y de manera constante por los meridianos. Pero cuando se produce un bloqueo, el cuerpo sufre un desequilibrio, el Chi queda atrapado y se produce la enfermedad. En esta red se localizan los puntos clave de presión sobre los cuales se puede trabajar para eliminar los bloqueos y restablecer el equilibrio natural del organismo. El terapeuta masajea estos puntos, utilizando solo los pulgares, bien para incrementar bien para reducir el flujo de energía y restaurar en consecuencia la salud corporal (v. también Acupuntura, a continuación).

Acupuntura

Se trata de una terapia similar a la acupresión, solo que en lugar de utilizar los pulgares, el terapeuta inserta finas agujas en los puntos de presión para restablecer el flujo de Chi. Tanto en la acupresión como en la acupuntura, se considera que los meridianos están conectados con órganos específicos y la estimulación de los puntos de presión afecta indirectamente a sus correspondientes órganos. Estos métodos de curación pueden ser de gran ayuda en muchas situaciones, entre ellas el dolor del parto.

Aromaterapia

Se dice que Cleopatra identificó los poderes de las esencias florales y que las utilizaba con gran éxito como herramientas de belleza. Los magníficos aceites esenciales de flores y hierbas, especias y resinas, han sido destilados y utilizados en cosmética y como preparados medicinales desde hace milenios para potenciar la salud y el bienestar. Ya sea aplicados mediante masaje sobre la piel, ya sea inhalados o añadidos al baño, los aceites aromáticos tienen la capacidad de afectar tanto a la mente como al cuerpo. Por muy agradables y fragantes que sean, son poderosos estimulantes y se deben utilizar con asesoramiento previo, especialmente en ciertas enfermedades, como el cáncer, y durante el embarazo.

Cristaloterapia

Los cristales o gemas emiten vibraciones que pueden estimular la salud y el bienestar. Cada tipo de piedra vibra a una frecuencia diferente y, en consecuencia, ejerce su acción sobre distintas enfermedades y estados mentales. El cuarzo rosa, por ejemplo, calma la tensión, mientras que el jade equilibra las emociones. ¿Te has dado cuenta de que, de repente, hay ciertas gemas que te atraen intensamente? ¿O tienes algún complemento personal con algún tipo de gema sin el cual notas que te falta algo? Pues bien, se dice que un cristal te encuentra a ti, ¡no lo encuentras tú!

Ejercicio físico

El actual conocimiento médico reconoce sin ningún género de dudas los beneficiosos efectos para la salud del ejercicio físico. Mantenerse en movimiento y activo resulta de utilidad en muchas enfermedades, no solo para reducir peso y mantenerse en forma, sino también para prevenir patologías como la osteoporosis, las enfermedades cardiovasculares y el cáncer.

Ejercicios de Bates para los ojos

El Dr. W.H. Bates, que desarrolló su actividad a principios del siglo XX, fue pionero en los cuidados naturales de los ojos y propuso numerosas teorías y muchos ejercicios para explicar y remediar problemas oculares, incluida la idea de que la mayoría de los trastornos tenían su causa en una mala nutrición y en la tensión emocional y estrés. Aunque menospreciado por sus contemporáneos, muchas de sus teorías fueron reivindicadas más tarde y sus ejercicios para los ojos experimentaron una amplia difusión. Por ejemplo, estudios médicos han puesto de manifiesto que una adecuada ingesta de las vitaminas antioxidantes A, C y E es una eficaz medida frente el desarrollo de cataratas. Por otro lado, se ha observado que dos de los llamados oligoelementos, el selenio y el magnesio, son útiles para las cataratas, tanto en su prevención como en su uso complementario del tratamiento convencional.

Ejercicios respiratorios para la relajación

Por desgracia, la mayoría de nosotros simplemente no respiramos de manera eficaz, pues lo hacemos superficialmente, con la parte superior del pecho en lugar de tomar aire en profundidad para alcanzar las áreas inferiores de los pulmones. Una respiración correcta ayuda en la relajación e incluso reduce la presión arterial. Los ejercicios de respiración, que están diseñados para enseñarnos a respirar correctamente, pueden ayudarnos no solo a estar más tranquilos y más concentrados, sino también a mejorar nuestra vitalidad y nuestra salud.

Fitoterapia

Los remedios vegetales son los precursores de nuestra medicina moderna y, de hecho, buena parte de los fármacos que utilizamos en la actualidad tienen su origen en extractos vegetales que llevan utilizándose miles de años en el tratamiento de las enfermedades. El ácido acetilsalicílico (aspirina) y la quinina, por ejemplo, proceden de las cortezas de sendos árboles.

Homeopatía

Aunque los principios de tratar «lo similar con lo similar» fueron postulados ya por los antiguos griegos, el sistema moderno de homeopatía fue concebido por el médico alemán Samuel Hahnemann, que vivió y desarrolló su labor en el siglo XIX. Esta terapia se basa en remedios derivados de sustancias naturales que se considera que ayudan al organismo a curarse por sí solo, estableciendo un nexo entre el medicamento y los síntomas. La homeopatía es una forma holística de tratamiento que tiene en cuenta al individuo como un todo, no la enfermedad de manera separada (v. también págs. 126–127).

Masaje

Desde el rozamiento hasta la reflexología y desde el amasamiento hasta el Reiki, los efectos terapéuticos físicos y mentales del tacto se conocen desde hace miles de años. Existe una amplia diversidad de trastornos, desde la tensión cervical hasta graves lesiones deportivas, que pueden tratarse mediante la forma idónea de masaje y manipulación (v. también págs. 114-115).

Meditación

Más una forma de vida que una terapia, la meditación precisa tiempo y práctica para alcanzar los efectos deseados, aunque pronto empieza a recompensar los esfuerzos realizados. La técnica requiere liberar la mente de pensamientos, prestar atención a la respiración y entrar en un profundo estado contemplativo. Diversos estudios han puesto de manifiesto que, dado que la meditación calma la mente tan profundamente, es sin duda un método eficaz de reducción de trastornos como la ansiedad, el insomnio y la presión arterial alta.

Reflexología

La reflexología, una forma de masaje basada en los mismos principios que la acupresión, es otra terapia holística que estimula los puntos de presión para eliminar los bloqueos en los órganos del cuerpo que se consideran responsables de diversas enfermedades. De forma característica, la reflexología se aplica en las plantas de los pies, pero también funciona perfectamente en las manos. Áreas específicas de las manos y de los pies se corresponden con partes del cuerpo u órganos concretos. El arte de la reflexología lleva practicándose en Oriente desde hace miles de años y fue introducido en Occidente a principios del siglo XX por un médico estadounidense, William Fitgerald. No se ha encontrado aún ninguna explicación científica que explique de manera satisfactoria cómo o por qué funciona, pero el hecho de lo hace es para mucha gente indiscutible (v. también págs. 136-137).

Remedios de flores de Bach

Propuestos por el Dr. Edward Bach en los inicios del siglo XX, estos remedios consisten en 38 preparados que son esencias de flores potenciadas, más uno añadido, el 39, llamado remedio de rescate (también conocido como remedio de urgencia). Los remedios florales de Bach restablecen el equilibrio de las emociones y sitúan a la persona en el camino del restablecimiento de su salud.

Shiatsu

Basado en los mismos principios que la acupresión, el shiatsu es una forma japonesa de masaje que también restablece el equilibrio en el organismo estimulando puntos de presión a lo largo de los meridianos del cuerpo. Su denominación significa «presión con los dedos», aunque también pueden utilizarse las manos, los codos, las rodillas e incluso los pies para aplicar la fuerza necesaria para desbloquear y relajar al paciente y estimular el flujo de Chi, o fuerza vital, a través del cuerpo.

Suplementos nutricionales

Hay unas 13 vitaminas principales y unos 25 minerales esenciales que el organismo necesita para funcionar de forma óptima. Teóricamente, una dieta equilibrada debería satisfacer todas nuestras necesidades nutricionales, pero los métodos modernos de elaboración de los productos alimentarios eliminan muchos de los componentes beneficiosos. Aunque rechazada durante mucho tiempo por la profesión médica, la necesidad de complementar la dieta en ciertas circunstancias con una dosis adicional de multivitaminas y minerales es reconocida ya por numerosos especialistas. No obstante, cantidades excesivas de ciertas vitaminas y minerales pueden ser tan perjudiciales como su escasez, de modo que se recomienda respetar las dosis diarias recomendadas y hacerlo siempre bajo asesoramiento médico.

Terapia con colores/luz

Los antiguos egipcios utilizaban los colores como parte de sus terapias curativas, porque consideraban que ciertos colores se correspondían con determinados órganos y estados de la mente. Modernos estudios psicológicos han respaldado la cromoterapia o terapia con color como herramienta de curación y han establecido que el color tiene un claro efecto sobre nuestro estado de ánimo. El rojo, por ejemplo, nos activa físicamente, mientras que el verde y el azul tienen un efecto calmante y relajante.

Terapia con sales tisulares

Conocidos también como remedios bioquímicos, esta forma homeopática de terapia fue desarrollada por el doctor Wilhelm Schuessler a finales del siglo XIX. El sistema consiste en 20 sales tisulares que se afirma que necesita el organismo para alcanzar la homeóstasis, o el equilibrio perfecto, con objeto de mantener su salud y bienestar. Un ejemplo de uno de estos remedios es Nat. Sulph. (sulfato de sodio), que se recomienda para aliviar las náuseas por la mañana.

Yoga

Practicado en Oriente desde hace mucho tiempo, el yoga es un tipo de ejercicio que incorpora técnicas posturales, de respiración y de meditación para equilibrar mente, cuerpo y espíritu. Existen numerosas modalidades, como la ashtanga y la raja, aunque tal vez la forma más conocida en Occidente sea el hatha yoga, que combina «asanas» (posturas mantenidas) y movimientos con «pranayama» o respiración controlada. El yoga induce muchos efectos beneficiosos, uno de los cuales, no ciertamente el menos importante, es que conduce a un estado de profunda relajación. Pero el yoga puede hacer más: mejorar la forma física y la elasticidad, combatir la fatiga y ayudar a aliviar trastornos digestivos y muchos otros achaques. No obstante, el objetivo final de la práctica del yoga es alcanzar la consciencia espiritual y la sabiduría.

Índice temático

Lecturas recomendadas

The Complete Illustrated Guide to Palmistry, Peter West.
Shaftesbury: Element Books, 1998

The Hand of Man, Noel Jaquin.
Londres: Faber & Faber, 1933

Hand Psychology, Andrew Fitzherbert.
Nueva York: Avery, 1989

Life Lines, Peter West.
Berkshire: Quantum, 1998

Living Palmistry, Sasha Fenton and Malcolm Wright.
Londres: Aquarian Press, 1990

Palmistry 4 Today, Frank C. Clifford.
Londres: Rider, 2002

Practical Palmistry, David Brandon-Jones.
Londres: Rider, 1981

Your Life in Your Hands, Beryl Hutchinson.
Saffron Walden: Neville Spearman, 1967

Otras obras de Lori Reid sobre la interpretación de las palmas de las manos

The Art of Hand Reading
Londres: Dorling Kindersley, 1996

The Elements of Handreading
Shaftesbury: Element Books, 1994

Palmistry in the 21st Century
Londres: Piatkus, 2000

Agradecimientos

EDDISON•SADD EDITIONS

Edición Liz Wheeler
Edición del proyecto Ann Kay, Tessa Monina
Revisión Mary Lambert
Corrección de pruebas Nikky Twyman
Indexación Dorothy Frame
Producción Karyn Claridge and Charles James

Dirección de arte Elaine Partington
Dirección artística general Hayley Cove
Diseño Axis Design
Diseño en Mac Brazzle Atkins
Ilustraciones Amy Burch y Paul Beebee